素描冼星海

時代強音譜寫者震撼
旋律遍神州黃河合
唱人：愛為民作曲永不朽

辛卯初春
李嵐清

"百年巨匠"素描 / 李岚清 绘

百年巨匠
Century Masters

冼星海

魏艳◎著

文物出版社

图书在版编目（ＣＩＰ）数据

冼星海 / 魏艳著． —— 北京 ：文物出版社，2019．6
(2021．9 重印)
(百年巨匠)
ISBN 978－7－5010－5746－7

Ⅰ．①冼… Ⅱ．①魏… Ⅲ．①冼星海（1905－1945）
－传记 Ⅳ．①K825．76

中国版本图书馆CIP数据核字（2018）第 228569 号

百年巨匠·冼星海

著　　者	魏　艳	
总 策 划	刘铁巍	杨京岛
责任编辑	孙　霞	
封面设计	子　旃	
责任印制	张道奇	
责任校对	李　薇	

出版发行	文物出版社
社　　址	北京市东城区东直门内北小街2号楼
邮政编码	100007
网　　址	http://www.wenwu.com
制版印刷	天津图文方嘉印刷有限公司
经　　销	新华书店
开　　本	710×1000　1/16
印　　张	15
版　　次	2019年6月第1版
印　　次	2021年9月第2次印刷
书　　号	ISBN 978-7-5010-5746-7
定　　价	49.80元

宣传巨匠推广大师 为时代树立标杆

蔡武

文化部原部长 《百年巨匠》总顾问

　　文化精品创作工程包括重大出版工程、影视精品工程。《百年巨匠》就是跨界融合的一个重大文化工程，它深具创意，立意高远，选题准确、全面，极富特色，内容精彩纷呈，内涵博大精深，基本涵盖了我国 20 世纪这一特定历史时期在文学艺术方面的成就及其代表人物。它讲述的不仅仅是各位巨匠的传奇人生，更是他们的文学艺术成就同民族、国家，同历史、文化，同当代世界，同 20 世纪风云激荡的年代，以及同人民的命运都是紧密相连的。他们的成就对整个社会产生了重要而深远的影响。因此，立足 21 世纪的当今，系统全面科学解读巨匠人生与大师艺术，有着特殊而积极的意义，是社会和时代的要求。

　　作为一个有影响力的文化品牌，《百年巨匠》的表现形式也是多样的。《百年巨匠》丛书和纪录片互动互补，是出版界与影视界的跨界合作与融合发展，形成了叠加影响和联动效应，进一步丰富和扩大了品牌的内涵和外延。在信息社会"四屏"时代，用这样的一种方式来表达重大深刻的主题，具有重大的创新意义，是对中华优秀文化传承发展进行创造性转化、创新性发展的成功探索。体现出强烈的历史感、时代性、民族性，具有鲜明的中国特色，必将产生深远的影响。

一个民族自立于世界民族之林，离不开民族的自信心与自尊心。而民族的自信心和自尊心有其思想基础和人文轨迹，即对民族文化的重要代表人物和优秀传统应当有比较全面的了解并进行广泛传播。一个国家的历史需要记录，文化艺术同样如此。《百年巨匠》丛书秉承文献性、真实性、生动性原则，客观还原大师原貌，以更为宏阔的历史维度对大师们所经历的时代给予不同视角的再现和解读，为读者开启一扇连接 20 世纪中国近现代文化艺术史的大门。

巨匠们的艺术成就、人生经历、精神高度，彰显了中华民族文化在这个时代所能达到的高度，不仅有文学艺术上和文化史上的价值，而且有人文思想美学上的划时代性贡献。《百年巨匠》可以增强我们的文化自信和实现中华民族伟大复兴的意志。

《百年巨匠》还有一个重要意义，它能够激励我们后来人砥砺奋进，勇攀高峰。这些文化艺术巨匠有着深厚的爱国情怀和强烈的民族责任感，他们将个人荣辱兴衰与国家、民族命运联系起来，用文化艺术去改变现实，实现理想。在新旧道德剧烈冲撞中，他们所表现出来的高风亮节是后来人的楷模。他们所传导出的强大正能量，会激励一代又一代广大读者，对促进我们整个民族新一代的教育与成长，有着非常重要的启迪意义。他们的精神是引领和鼓舞我们再出发的航标与风帆。

《百年巨匠》也给了我们很多的启示，可以帮助我们回答和破解"钱学森之问"。20 世纪产生了那么多的大师，新世纪、新时期我们应该如何助推产生出新的大师？这些巨匠的成长轨迹给我们揭示了大师们成长的规律，如要深具家国情怀，要胸怀高远理想；要深深扎根于人民，与人民同呼吸共命运；既继承民族优秀传统文化，又要勇于创新；并以非常包容的心态去拥抱一切文明成果等。

《百年巨匠》仅反映了 20 世纪百年的文化形态和人文生态，我们应该把这个事业延续下去，面向 21 世纪。对艺术大师的发掘是通过他们的作品来体现的，而他们的作品既是中华文化的传承，又进一步丰富、创新了中华文化的构成。从这个意义上讲，宣传这些艺术巨匠就是弘扬中华文化。这些艺术巨匠作为中国名片，拥有较强的国际影响力，这一工程的推进，可以有效推动中华文化和中国出版走出去。不仅仅局限于艺术领域，还可以从广度上、外延上扩大至整个文化领域，甚至把科技、教育等领域的巨匠们也挖掘展示出来。

一个国家文化事业的繁荣与发展，既需要广大艺术家的努力，也需要大师巨匠的引领。宣传巨匠，推广大师，为时代树立标杆，无疑是我们责无旁贷的历史责任。巨匠之所以是巨匠，大师之所以能成为大师，是因为他们以具有强烈时代感和创新精神的作品站在了巅峰。而他们巨作的背后，是令人钦佩的工匠精神，这种工匠精神的发掘和弘扬在当下具有重要的现实意义。同时，这百年的文学艺术史已有的众多成果，从学术上也要系统总结。而长期以来一直困扰我们的一大难题，就是如何把这些重要的学术研究成果进行转化和再创造，使之成为可被大众接受、雅俗共赏的精品佳作。从这个意义上讲，《百年巨匠》丛书的出版也是非常值得赞许的。

当前，我们的文化艺术事业虽然取得了长足的进步，但是相对于时代的重任，人民的厚望，尚有作品趋势跟风、原创性匮乏、模仿严重等问题，希冀大家在《百年巨匠》作品中得到更多的启迪和感悟。

我们国家正处在重要的历史时期，为我们文艺创作提供了丰沃的土壤和广阔的空间。中华民族的伟大复兴，呼唤一切有为的文艺工作者，为繁荣中国特色社会主义文化、建设社会主义文化强国，奉献毕生的才华和创作热情，将高度的社会责任感和历史使命感化作文艺创作的巨大动力，创作出无愧于时代、无愧于祖国和人民的优秀文艺作品，让我们这个时代的文艺创作异彩纷呈，光耀世界。

目　录

第一章

乐路艰辛 才华初绽

一九〇五年六月十三日，冼星海生于澳门一渔家，祖籍广东番禺。在闽、粤、台沿珠江、闽江及其海域一带，居住着一些水上人家，他们有一个特殊的称谓「疍民」。星海的祖先就是这样的疍民，他们以船为家，以捕鱼为生，生活艰辛。

“顶硬上”的童年回忆

冼星海，1905 年 6 月 13 日出生于澳门一渔家。祖籍广东番禺，祖上以渔为生。在闽、粤、台沿珠江、闽江及其他海域一带，居住着一些水上人家，他们有一个特殊的称谓“疍民”。星海的祖先就是这样的疍民，他们以船为家，以捕鱼为生，生活艰辛。

星海父亲冼喜泰经过努力成为海员，操持大船，他与黄苏英婚后的生活应该是比一般的疍民要优越一些。但是，安宁的生活并没有持续太久，父亲在星海出生前几个月突然离世，年仅 36 岁，星海成了“遗腹子”。

母亲黄苏英当时才 33 岁，是一位传统的家庭主妇，没有受过什么教育，认识一些简单的文字。她的性格坚韧、心胸宽广，在星海的音乐学习之路上，她含辛茹苦，始终默默支持，从无抱怨。星海非常爱自己的母亲。

星海出生后，失去家庭经济支柱的黄苏英，想要维持母子俩稳定的生活谈何容易。于是，她带星海去投靠自己的父亲黄锦村，黄父也是一名海员。

母亲时常给冼星海唱广东、澳门等地的民歌，最令星海印象深刻的是那首粤语民歌《顶硬上》。

“我妈妈是我的第一个音乐老师”。1936 年，冼星海对来访的盛家伦和田冲说。他唱起了母亲黄苏英教他的广东民歌，“顶硬上，鬼叫你穷，铁打心肝钢打肺，立下心肝去捱世”。歌词大意为：挺直腰杆儿往前闯，谁叫你穷，立下决心挨过穷苦的日子……这段朴实的歌词唱出了广东底层百姓坚韧不屈的性格，同时也是星海出生后家庭环境的真实写照。

这首广东"咕哩号子"①，不仅唱出了沿海港口搬运工人的艰辛和坚韧，也映射了母亲早年独自抚养星海的辛劳，她用朴实的民歌滋养着儿子的音乐情趣。

成年后，星海回忆起母亲教唱的这首歌，将它整理并编配上钢琴伴奏。星海说自己"写了无数工人的歌，《顶硬上》是一首唯一的纪念母亲的歌，词由她口述。歌曲在音乐会表演了许多次，非常受群众欢迎。"

贫困的家境、辛劳的母亲，培养了星海独立自强、坚忍不拔的品质和关怀劳苦大众的宽广胸怀。音乐之路上的星海历经磨难，坚持了长达十几年的半工半读，历经抗战救亡的洗礼，最终成为中华民族伟大的音乐家。

① 粤语"咕哩"，即普通话"苦力"。

养正学校

百年巨匠
Century
Masters
冼星海
Xian
Xinghai

1911 年，星海 7 岁（虚岁，实为 6 岁），外祖父离世。当时的中国时局正在发生着巨大的变革，清王朝的封建统治在外有八国联军入侵，内有辛亥革命反抗之下土崩瓦解。国内经济随之因战乱而消退，民不聊生。百姓大多都没有什么工作机会，维持生计变得很困难。

外祖父的离去，使得母亲与年幼的星海在粤澳地区的生存更加困难，为了使生活能有些保障，黄苏英选择离开家乡另谋出路。

当时东南亚的英属殖民地马来亚、星洲（新加坡）等地大兴经济，为英联邦宗主国服务，这些地方的工商业、手工业发达，工作机会较多，比起中国内地维持生存的收入也要高一些。

黄苏英托当地的水客介绍自己到星洲工作，水客是随同货运船只往返于两地的托运人员。20 世纪初，往返于珠三角与东南亚地区有很多这样的水客。

星海母子搭乘轮船奔赴新加坡，靠着在船上打工，漂洋过海南下谋生。新加坡退休资深报人王振春记录了这样的场景，"在船上，他们为了生活，找到了一些活干，有时洗甲板，有时打扫食堂，有时帮忙人家缝缝洗洗，……听话的星海，都在一旁帮忙……"

对于社会底层的普通劳动人民来说，南下谋生大多都是如此，搭乘私人轮船，由于经济拮据多数人会屈身船舱底部，没有铺位，只有一张席子隔凉睡地。为了在船上的几天生计，有时也选择临时帮工，换些生活必需品。

轮船到达新加坡境内后，起初并不容许这些下南洋的中国人登上本岛，而是需要在一个名为"棋璋山"的离岛做隔离，防止这些人将自身潜在的病毒（霍乱、天花等）带入本地区。观察数天后，无异常反应才可登陆。

　　在此期间，他们被要求用一种乳白色的、类似于消毒水的液体冲洗身体。一日三餐由自己来做，官方只负责派送一些米、牛奶等食物。当通过隔离检验之后，便被"放行"。抵达本岛之后，这些下南洋的人被介绍到当地的各个地区打工、生活。

　　当时在新加坡的华侨移民中有一个"群居"的现象，多是由于在国内原籍与地区的语言、生活方式等不同而自觉形成的聚居群。珠江

大坡地区居民用牛车运送生活用水

三角洲一带广东人（南海、番禺、顺德⋯⋯）就多集中于新加坡大坡"牛车水"一带，星海和母亲应该也居住在此。

新加坡大坡地区那时还未通上自来水，居民生活用水只有通过牛车来运输取水，故得名"牛车水"。

20世纪初，南洋中国移民的生活条件都很差，星海母子也不例外。黄氏靠做佣工维持他们母子的基本生活，但她却没有因生活贫苦而忽视儿子的教育，而是省吃俭用地将星海送到了当地的华人私塾里学习。

在新加坡"牛车水"的街道上，有不少华人开办的私塾。这种个人私塾多设在商铺的楼上，环境十分简陋。私塾中的先生多是早年在国内或多或少受过一些封建教育的读书人，其中有一些还考中过秀才，只是由于时局战乱而不得不远走他乡，在南洋维持生计。他们所教授的多是传统文化教育。

19世纪末20世纪初的私塾

星海在《自传》中所写到，"我读了不少的四书五经"，应该就是这时期在新加坡所受的文化教育。

一群旧式装束的中国少年在私塾先生的管教下读书、写字。这种教育方式苦闷、无趣，"整天读书、写字和背书，课间没有休息和游戏，当然更没有歌唱手工画画"，星海在这样的环境下学习了四年。这样的学习方式，虽不能发掘他的音乐天赋，但是，旧式私塾教育为他打下了很好的国学功底，这让他后来在岭南大学（附中）的老师冼玉清称赞不已。

1916 年，星海转入英国人创办的英文学校 —— 圣安德烈英文学校（St. Andrew'a School），这是一所由英国国教和圣公会开办的多种族学校，招收各个国家和地区的学生（如马来裔，华裔，印度裔，犹太裔等），实行全英语教学，同时也有基督教的宗教教育内容。

史丹福路圣安德烈学校

星海曾使用过Sinn Sing Hol这一英文名字，与他名字的粤语发音有关。

如果在这所学校坚持读完九年，即中学毕业，就可以在新加坡政府谋得一个小职员（文员、书记员……）的稳定差事，因为当时新（殖民地）政府只招会说英文的工作人员。可是，星海在圣安德烈学校只读了一年便辍学了。这很可能与他的经济条件有关。母亲当时在一个富人家里当佣人，赚取的薪水用来养活两个人已经是捉襟见肘，要承担这所外文学校的费用，想必是有很大的困难。当然，文化差异、特别是语言差异可能也是星海离开学校的原因。

养正学校的军乐队

1917～1919 年，星海母子俩暂时离开了新加坡一段时间，到当时同为英属殖民地的马来亚内地打工，因为马来亚内地人口众多，工商业也相对于新加坡要发达，工作机会相对会多一些。

不久，黄苏英听说新加坡牛车水区有所华人开办的小学"养正学校"，供华侨子弟就读，于是就带着星海回到新加坡申请就读。

1919 年，星海进入新加坡养正学校学习。这是一所由 27 位旅新华侨领袖出资创办的小学，校名取自《易经》中的"蒙以养正"之句，意思是"从童年开始就要施以正确的教育"。养正学校 1905 年建于大坡区柏律，后来由于扩大规模而搬到了乞纳街 67 号的翠兰亭。

林耀翔校长创办养正学校的初衷，是为了"南来移民的子弟提供教育，不使他们不识丁"。当他了解到星海家境贫寒，母亲在外打工的境况后，便特别批准他在校食宿，成为养正学校一名免费的工读生。

说起林校长与星海的缘分还真是不浅，他祖籍也在广东番禺，生于香港，曾就读于香港皇仁书院，后到美国深造。1917年岭南大学校长钟荣光受命到新加坡筹款时，受当地华侨之托，推荐林耀翔到养正学校任校长。就在林耀翔任职养正学校校长的第二年（1919），他发现并接收了冼星海，也成为星海人生中的恩人与贵人。

"余初度南来掌养正之翌年，冼君得友人介绍来校做工读生，缘家境困难，慈母受佣别埠乏人照料，故准其在校食宿，课余使助区先生整理乐器，遂随班习铜乐"。正是因为林校长让星海帮忙整理养正学校军乐队乐器的这一举动，将星海引向了音乐道路。

"冼星海初次接触乐器，天才渐露，未几进步神速，造诣超侪辈……"

养正学校设有军乐队，由音乐教师区建夫组织并教习。星海起初是帮音乐老师区健夫整理乐器，后来便开始学习演奏，并显现了超常的音乐才华。

区健夫老师发现了星海的音乐才能后，给予悉心指导，由此开启了星海的音乐之路。

区健夫曾就读于广东陆军小学堂（有"老黄埔"之称，区别于1924年建立的黄埔军校），是一位地地道道的粤籍（其祖籍广东顺德）军人，同时也是一位"嗜乐如命"之人，善于军（管）乐，喜欢粤剧。他为人正直，严厉而随和。到养正学校后，教习体育和唱歌。

区老师教学十分严厉，在教学时，学生的节奏略有偏差，他就立即用粤语喊到"唔得，唔得"（普通话：不行，不行），并用力地在学生的大腿上打拍子，使得上课的学生在演奏时经常战战兢兢，生怕因错误而被区老师训斥。

区老师极为珍爱星海的音乐天赋，在他的悉心指导下，星海的吹

1924年，冼星海吹奏单簧管的照片，英文签名是Sinn Sing Ho，与粤语发音类似

奏水平提升得很快，不久即"晋升"为金线三粒星肩章的军乐队长兼指挥，有时在区老师工作繁忙时还代行教师"职权"。

据学生何顺结回忆，区老师平时教学多是单独教授，他会根据学生的嘴型和气息的大小，为其选择适合的乐器吹奏。在养正军乐队里，星海最初吹奏短笛，后改为吹单簧管。

这个军乐队日常的训练场所在养正学校的八角亭，是养正学校的最高建筑，也是当时牛车水区的最高之处。在这个八角亭内，常常会飘出雄壮的军乐进行曲。

养正学校军乐队曾演奏过《双鹰旗下进行曲》《华盛顿邮报进行曲》等，这些节奏鲜明、旋律铿锵有力的军乐在星海的心里埋下了进行曲音乐的"种子"，对他在抗日战争时期的群众救亡歌曲创作也有着潜移默化的影响。

在养正学校军乐队，星海显现了初步的音乐才能，迈出了"音乐人生"的第一步。林耀翔校长十分赞赏星海在贫困环境中所锻炼出的坚韧毅力，以及不卑不亢的自信气质。他评价星海："唯其刻苦耐劳之精神，勤奋向学之毅力，实有过人之处。且不以贫苦而自卑，……此则非一般儿童所能及。"

1921年，林耀翔被聘为岭南大学附属华侨中学校长，他挑选了包括冼星海在内20多名华侨学生，离开养正学校，到广州就读华侨中

1921 年，养正学校军乐队的集体合影，前排右四为冼星海

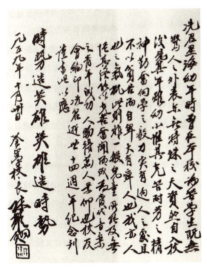

林耀翔对冼星海的评语

林耀翔

学。约半年后的 1922 年，冼星海进入岭南大学附中继续学习，又开启了丰富多彩的音乐生涯。

研究冼星海在新加坡时期的学者何乃强说，"林校长独具慧眼的挑选，改变了星海一生的命运，星海也从此留在中国大陆，沿着音乐的道路向前发展"。

百年巨匠
Century
Masters
冼星海
Xian
Xinghai

12

南国箫手

　　到广州后，星海先是在华侨中学特别班学习国语、作文、史地……不久，进入岭南大学附中"1928班"学习。岭南大学的前身是 1888 年由美国长老会创建的格致学院，20 世纪初改名为岭南学堂（Canton Christian College），1904 年由澳门迁入广东康乐村，1918 年更名为岭南文理科大学（即岭南大学），1927 年更名为私立岭南大学。"岭大"附设有大学预科班（后改为附中）、附属小学及华侨班等。

　　坐落于康乐村中的岭大校舍多是一些精致的洋房，有些还带有宗教建筑风格，如怀士堂。它是由美国俄亥俄州克里夫兰市的华纳和史怀士公司的总裁安布雷·史怀士（机床和天文仪器生产商）出资，为岭南学校修建的基督教青年会馆。怀士堂坐南朝北，东西对称，错落

岭南大学怀士堂

岭南附中时期的冼星海

有致。灰色墙体上图有"十"字标志，带有明显的基督教文化特色。

据星海的国文和历史老师冼玉清回忆，星海在岭南大学的附中时期，应从 1922 年入学到 1924 年毕业。由于一直是断续性的学习，中学其实并未读完。因家庭贫困，星海也一直是半工半读。

岭南附中时期的冼星海，身材颇高，脸孔微黑，深邃而有神采的双眼，透露出性格中的坚毅、倔强与自信。穿的多是布料西装，爱敞开领子，不常打领带。这份穷艺术家的不羁与潇洒，常常使他的朋友们"想起雪莱或贝多芬的肖像"。

在这所学校学习的几年里，星海"很喜欢参加社会活动"。他经常在岭南附小的交际会上表演单簧管独奏。附中二年级时，星海担任岭南大学青年会童工委办主任，负责几所村童和工人的义务教育。星海通过在这些社会活动深入群众，乐在其中。

星海与同学组成的"村童探访队"常在附近五村开展"幼教"活动，当时青年会在附近各乡所办的义学有"艺徒学校、康乐小学、慈益小学、方社小学"等。他们给幼童们分发玩具，组织村童做游戏、教他们识字、绘画、唱歌……孩子们非常喜欢这些文化娱乐活动，希望他们"日夜常来"。

岭南大学的学生多是一些富有的华侨子弟，衣冠讲究，西装革履，说着洋话。出身贫穷的学生在这里似乎显得格格不入。家境贫寒的星海，在这贵族教会性质的学校里，也只能靠着半工半读的方式维持自己的学业与生活。

他利用课余时间在学校的格兰堂内出售文具，指挥岭南乐队，假期里到香港做电影音乐工作，兼职给夜校学生上课……后来又做过打字员，华侨中学教员、庶务等。

　　星海在校的日常生活也很简朴，为了节约生活支出，他选择住在收费较便宜的草棚宿舍。1928年读大学预科时，他与母亲同住在岭南大学校园自搭的简易竹棚之中。

　　虽然清贫，星海对音乐的热爱和参加社会文化活动的热情却丝毫不减，音乐才华出众，刻苦的学习和积极的生活态度，使星海成为岭南大学的"名人"。

　　岭南大学附中"1928班"，又称"惺社"，设有华乐队，岭南大学附中也设有校军乐队组织，星海都积极地参与其中。在养正学校军乐队学习到的单簧管演奏让星海名声大噪，得到岭大师生的赞誉。

　　星海中学三年级时，在附小童子军第一次交际大会上的单簧管演奏最为精彩，备受欢迎。岭南大学师生逐渐熟悉和喜欢上了这种西洋

岭南大学格兰堂图书馆阅览室

管乐器吹奏的音乐，星海获得了"南国箫手"（当时多将单簧管称之为"洋箫"）的称号。

星海的同窗挚友、画家司徒乔特别喜欢听冼星海吹单簧管。听着星海的音乐，自己画起画来"特别带劲"。

冼星海在岭南大学附中及后来的大学预科班学习，时有断续。休学期间，岭南校友馈赠他一把小提琴，他先是自学，后又随旅美小提琴教师邓炳奎学习，小提琴演奏也成为星海后来的一个音乐专业方向。

在伍伯就的回忆中，星海这位比他高几个年级的"老大哥"，在岭南大学部的时候，已经是"岭南附中一位有名的音乐家，他的小提琴和中国箫笛，最受人喜爱"。

1925年秋，星海在岭大附中毕业，想进一步学习专业音乐，他选择到北京国立艺专（音乐系）学习小提琴。

北上国立艺专

20世纪二三十年代，以北京和上海为中心，我国专业音乐教育开始产生和发展。虽然由于政治动乱、社会经济文化发展不稳定等因素，专业音乐教育的发展不平衡，教育机构数量也不多，但还是取得了初步的成果，也吸引了一些热爱音乐的年轻人。

最早出现的专业音乐教育机构是北京大学音乐传习所，我国第一所独立建制的专业音乐教育机构，则是上海国立音乐院。在我国最早的几所高等音乐教育机构的创建过程中，萧友梅都是主要的创建者和教育家。

历史是如此的巧合，冼星海先后在两所中国较早的专业音乐机构进行了半工半读的学习，并与它们的创办者——萧友梅结下了特殊的友谊。遗憾的是，由于当时正处在中国高等教育发展的初创阶段，加之复杂的时局变化等原因，两人的友谊并没有一直延续下去。

萧友梅(1884～1940)，我国近现代著名的音乐教育家、音乐家，开创了我国现代专业音乐教育，对我国高等音乐教育的产生和发展做出了重要贡献。1901～1909年间，萧友梅在日本学习教育学和音乐，从东京帝国大

萧友梅

百年巨匠
Century
Masters
冼星海
Xian
Xinghai

学与东京音乐学校毕业。1913年，萧友梅进入莱比锡音乐学院攻读理论与作曲，同时在莱比锡国立大学攻读哲学与育学，奠定了从事音乐创作和教育的基础。

他凭借论文《17世纪以前中国管弦乐队的历史研究》，获得莱比锡大学的哲学博士学位。1920年，萧友梅留学回国后，在北京参与创办了我国几所最早的高等音乐教育机构。

1927年，北洋政府教育部撤销了北京各大专院校的音乐系后，萧友梅离开北京，到上海创办上海国立音乐院，这是我国第一所独立建制的专业音乐学院。

上海国立音乐院成立前，北京当时是中国高等音乐教育初创的中心。在萧友梅的参与和主持下，先后设立了：国立北京女子高等师范学校音乐体育专修科，北京大学附设音乐传习所（以下简称"音乐传习所"），北平国立艺专音乐系等。这些音乐机构大多都引进了欧美专业音乐教育体制，包括作曲技术理论、乐器演奏技巧、声乐演唱技术等，并聘请了中外知名的音乐专家教授。

对冼星海而言，北京的专业音乐院校无疑是一种莫大的吸引。

岭南时期，星海是通过半工半读和校长、师友们的帮助来维系学业的。当他选择进京学习时，路费问题又摆在眼前。尽管好友伍伯就等人为他慷慨解囊，给予些金钱和衣物上的支持与帮助，但也只是杯水车薪。星海不得不把友人送的小提琴卖给老师邓炳奎，才勉强凑够路费，奔赴北京。

1925年秋，星海来到北京国立艺专，这一段学习生活并不是稳定而持续的，但却是星海步入专业音乐教育的开始。

从学习音乐的年龄看，星海的年纪显然偏大了，而且他的音乐基础与演奏技巧也不是很雄厚。但是凭着对音乐的执着与热爱，以及不同寻常的毅力，星海自己坚信，只要苦学一定能成功。

到北京后，通过司徒乔的介绍，星海认识了萧友梅，他向萧先生谈到了自己的学习和理想。星海说自己"梦想成为作曲家，甚至想要成为像贝多芬那样的伟大作曲家"。萧友梅虽然感觉这位年轻人有些气盛，不过很有想法，也愿意帮助这个刻苦好学的"大龄"学生。

当时萧友梅在北大音乐传习所主持工作，同时兼任北京艺专音乐系的工作，在他的帮助和推荐下，星海得到了一份北京大学音乐传习所图书管理员的工作，这才使得他能够以半工半读的形式继续维系学习和生活。

星海就读于国立北京艺术专科学校音乐系，小提琴选科，师从托诺夫。这所学校原是美术学校，1922 年以后，改为国立艺术专门学校，增加了戏剧和音乐等科系。选科一般都是为有兴趣学习音乐的学生提供机会而设立，对学生的考试要求应该不是特别严格。星海在选科学习，说明他不是正式招生的在籍学生。

艺专部分师生合影，后排右五为冼星海，前排右五为系主任萧友梅

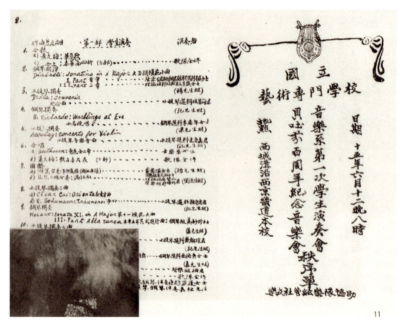

国立艺专演出节目单，3 号作品标注演奏者"小提琴选科冼星海君"

萧友梅 1922 年改组和创建的北京大学音乐传习所，设有本科、选科和师范科，本科"以培养专门音乐人才为主旨"，招生没有成功，但是，选科招生情况较好，也培养了一些人才。星海是否也在北大音乐传习所选科学习，尚不明确，但从萧友梅当时主持这两所学校音乐系的工作来看，他也有可能去旁听。

1926 年 6 月 12 日，星海与古宪嘉、魏守君等人，参加了国立北京艺术专科学校音乐系首次学生音乐会 —— 贝多芬百周年纪念音乐会演出，从这份音乐会演出的节目单，可以了解到星海当时的学习情况。

音乐会上，星海演奏了捷克斯洛伐克作曲家、小提琴演奏家德尔德拉创作的《纪念曲》。这首曲子较为知名，乐曲由较高难的小提琴演奏技巧开始。追忆怀念之情尤深，旋律优美深情，富有浪漫主义音乐特征。星海能够演奏这样的曲子，可见，他的小提琴演奏技巧已经达到了一定的水平，而他接受的应该也是正规的西方乐器演奏的专业学习。

在北京学习期间，星海也参加过一些学生活动，但并不是骨干。经过一年多的半工半读，星海于1926年下半年返回了岭南，继续岭南大学的学业。

一年后，奉系军阀张作霖接管北京政权，教育总长刘哲以"有伤社会风化""浪费钱财"为由，命令停办几乎一切在京国立学校中的音乐科系，仅有改称"北京女子文理学院"（前身即北京女子高等师范学校）的音乐系存在。

在北京苦心经营高等音乐教育五年之久的萧友梅不得已离开，南下上海，在国民政府大学院院长蔡元培的帮助和支持下，创建了国立上海音乐院。因为这样的机缘，星海后来也进入了这所学校，正式开始专业音乐学习。

岭南大学的约翰逊

1926 年 9 月，星海从北京返回广州。休学一年后，进入广州岭南大学文科一年级。一年的时间，他学习了"艺术、音乐、国文（文学导论）、读书指导、哲学原理、政治学原理"等课程。

星海在学习上异常刻苦，与那些家庭条件优越且忙于交际娱乐的学生，形成了鲜明的对比，加上擅长音乐及其他艺术，颇有些"穷"艺术家气质。因此，他被同学们戏称为"岭南大学的约翰逊"。

再次回到岭南大学后，星海一直负责校内音乐活动。北京的专业音乐学习，时间虽然不长，但也使他得到了锻炼和提高。休学期间，在培正中学教音乐。

星海的半工半读，除了去大学上课，主要是休学工作或兼职挣取生活费和学费等。除了指挥本校的管乐队，星海在课余兼任岭大附设华侨学校音乐助教员，任青年会全会事业部音乐主任，青年会ANY弦乐队主任。

在广州培正中学担任音乐教师时，星海受聘指挥培正银乐队。这个乐队是美国人组建和资助的，是当时比较难得的一支乐器配置健全，有较高演奏水准的军乐队，星海的军乐指挥水平在当时的岭南地区也应该是首屈一指的。

同样是贫苦出身的同学瑶华（笔名），与星海惺惺相惜，自嘲与星海一样是"半工半读的两栖类"，他对星海的指挥印象深刻：

> 每当全体教员学生在那高敞的礼拜堂里集合的时候，就

冼星海与培正银乐队（前排中间）

要看到他那高高的身子站在讲台前，双手强力地活泼地舞动着指挥棍。那些不同品色不同高低的音乐的波浪就跟着那棍子节奏地在起伏，许多男女的心情也在那雄伟的或庄严的节奏里统一地波动着。我每次回想起他来，脑子里最初产生的或鲜明的印象，就是他在这种时候的背影和手势。

也许就是从指挥养正学校军乐队到岭大军乐队的不断实践和提高，星海特别钟爱指挥艺术。去巴黎留学后，他能够在极为艰苦的生活和学习条件下，主修作曲，兼修音乐指挥，应该与这时的音乐实践和积淀的基础有关。

后来回到上海，指挥交响乐团也一度是星海的心愿。虽然因为客观原因和外国人的排挤，星海未能有机会充分展现他的乐队指挥才能。但通过指挥教唱救亡歌曲和大合唱，以及培养指挥音乐人才，星海的指挥艺术却得到了最普遍和有效的发挥。

重返广州，在休学和读大学预科的两年里，星海参与和负责组织过各种规模的音乐会。

1928年5月12日晚，星海组织了一次"国际音乐大会"，音乐会演出了二十多个节目，分四部分：(甲)东方音乐，(乙)民歌，(丙)东方化之西乐，(丁)特别音乐。当晚"场面空前，省港中外音乐家集聚在怀士堂，是岭南大学一场盛况空前的音乐会"。

星海除了突出的音乐才华，对文学、美术、书法等其他姊妹艺术也非常喜爱，也表现出了一定的天赋。星海在美术上有一定的基础，还做过《惺社社刊》的美术主任。

出于中国古诗的热爱，星海曾向同学钟敬文提出一个"交换学问"的提议，他教钟敬文拉小提琴，钟敬文教自己中国古诗，而星海学习古诗是"为了音乐"。

冼星海设计的《南大思潮》封面

在星海看来，诗歌的修养是不可或缺的，这是"欣赏和理解别人的歌词"的必要条件。"一个学音乐的人，单做演奏者是不行的，他必须能够作曲谱和歌词，要做歌词，就必须懂得中国诗了。而作曲作歌就要更深的了解我国诗歌"。

星海填过一阕名为《如梦令·春思》的词：

试问春归何处？勿指柳梢残雨，往事那堪提，

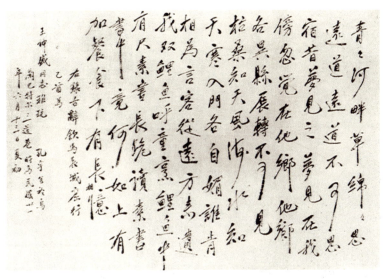

冼星海 1943 年在苏联时期，化名"孔宇"为友人书写的《饮马长城窟行》

尽在游丝飞絮，无语！无语！乳燕双双休去。

他对外国文学也有所涉猎，利用课余时间翻译英国诗人玛利亚·哥尔利治的《皇帝死了，皇帝万岁》，发表在《南大青年》刊物上。

星海喜欢研究书法，常在课余休息时到老师冼玉清的宿舍里请教书法的技巧，冼玉清教给他练习书法的歌诀："字无百日功，勤学便是工。笔执正，墨磨浓，画平企直贯当中，排匀撇捺分西东。"

不断的练习和熏染，星海对书法的研习达到了一定的深度，他在《惺社社刊》上发表《中国书法略谈》，7000 余字的文章，参考了诸多古文献，像包世臣《书法津梁》、康有为《广艺舟双楫》等。星海最终在音乐上钻研而有建树，放下了书法，冼玉清为此叹息："可惜他（冼星海）的书法，后来为音乐所掩了。"

岭大是一所早期由英、美教会创办的学校，宗教元素也融入了学校之中，基督教青年会设有一个"白十字架团"，星海、司徒乔等人

岭南大学青年会会员合影，后排右一为冼星海

也加入其中，每逢该团体聚会时，星海总是抱着吉他为大家伴唱。

1928 年 4 月 8 日，星海组织安排了复活节礼拜艺术活动的音乐节目。

岭南大学当时音乐气氛很浓，每周都有音乐会或是晚会，冼星海在其中起了重要的组织作用。假期间，校内青年会组织旅行团，泛舟西江，游览鼎湖飞水潭和肇庆七星岩等地。

在欣赏山水风景自然之美的同时，"性格沉静、不大言语的星海则每每独倚船舷"，反复哼唱心中的音乐旋律。有时低唱他所学到的新歌，并把它教唱给同学。

岭南大学的五六年中，星海遇到了许多志同道合的老师和朋友，也得到了他们的很多的帮助和鼓励。

林耀翔校长(岭南大学华侨学校校长)发现了星海这颗"音乐之星";冼玉清师长爱惜他的文学、书法才华。一些低年级的校友钦佩他,他们在生活和学习上尽其所能的帮助他。伍伯就在他赴京求学饯行时,送了两美金和一些衣服;钟敬文尊敬星海这位学长,给他推荐诗文,一起探求文辞歌赋、诗歌韵律。

钟敬文这位昔日的岭南校友,民俗学家、文学家,曾不止一次作诗赋词怀念星海:

> 耽诗溺乐两青年,并诗而居共桌餐。
>
> 岁月迢遥人换世,重来林木更苍然。(1989年秋)

他还曾在聆听《黄河大合唱》后,赋《金缕曲》一词,追忆与星海的深厚情谊。

> 想当时同居康乐,年华方绮。我溺词章君音乐,嗜好凝成友谊。朝与暮,饱聆琴艺。真有红灰狮子劲,棒纵横,挥出青春力。偶入梦,长元气。　背飞劳燕悭重会。再回头,时光电闪,已分生死。难向遥邦招魂魄,注目云空致礼。念故地蕉黄波翠。犹忆桥儿沟上立,听驼铃我恨脐难噬。云泥路,我贻悔。

在朋友们的印象中,岭大时期的星海寡言少语,但真正聊起来又十分热情、豪爽,冼玉清说"他是一个刚毅木讷的人"。星海的这种沉静而刚毅的性格,似乎已经预示了在今后的人生道路上,无论面对何种境遇和困难,他都能坚定而执着地朝向音乐理想迈进。

上海国立音乐院

百年巨匠
Century
Masters
冼星海
Xian
Xinghai

　　鸦片战争后开埠的上海，由于其特定的地理位置，兼容并蓄，得以开风气之先的文化品性，逐渐成为近现代中西音乐文化交汇、碰撞的中心和中国音乐文化的主要发源地。

　　上海曾首开音乐教育之新风，是学堂乐歌的活动中心，尔后其各种音乐教育机构（音乐社团等）数量之多、影响之大是当时其他城市所无法相比的。20世纪20年代，上海已成为中外音乐家荟萃的城市，又有"远东第一"的管弦乐队，富有音乐师资和办学的基础。

国立音乐院成立一周年[1]

---

① 图片选自：洛秦、钱仁平：《国立音乐院国立音乐专科学校图鉴（1927—1941）》，上海音乐学院出版社，2013年。

1927 年，萧友梅南下选择在上海创办音乐院也是基于这样的原因。

上海音乐院"以教授音乐理论及技术、养成音乐专门人才及中小学音乐师资"为宗旨，主要采用德国专业音乐教育体制。音乐院最初设立了预科、专修科、选科及特别选科，根据不同专业成立了理论作曲、键盘、声乐、小提琴、大提琴、国乐等相当于"系"的教学组，并设有一套独立、正规和完善的管理系统。

萧友梅还结合中国当时的实际情况，制定出一套培养中国音乐人才的教学体制，如"学分制和技术升级考试"相结合等。他不遗余力地为学校聘请了当时国内较高水平的音乐家，包括旅居上海的外国音乐专家。由于师资力量雄厚，教学正规，课程严格，教育水平提高很快，教育体系也日趋完整，不久音专就能系统地介绍学习西方不同时期经典音乐作品，"这和当时外国的音乐学校相比，已差距不大"。

星海自然很想有机会能进入这样的专业音乐院校学习。1928 年下半年，他再次中止了在岭南大学的学习，准备赴上海报考国立音乐院。临行前，他将岭南大学管乐队指挥的工作推荐给何安东。

这次入学在老师和朋友们的帮助下，还是比较顺利的。

学费的问题，在老校长钟荣光的帮助协调下，由在沪设立的岭南大学分校为星海做了经济担保。这份来自岭大的温情，再一次照亮了星海异乡求学的音乐道路。

熊乐忱回忆，萧友梅对他和冼星海这些"此前为北京艺术专科学校的学生"，报考国立音乐院时都给予了免试入学的资格。因为他们都是萧友梅过去教过或接触过的学生，对他们的音乐能力比较了解。

同期与星海入国立音乐院学习的还有小提琴家陈又新、音乐活动家张恩袭（即张曙）等人，他们也成为星海后来的朋友或同事。

国立音乐院全体师生合影（中排左二为冼星海）

　　萧友梅对星海的学习和生活给予了一些特别的照顾，帮助他找到了一份兼职——院长室文书，负责刻钢板，每天两小时，每月能有8～20元的收入。

　　能够考入音乐院的学生，家境大都比较殷实。星海和陈振铎是国立音乐院仅有的两名工读生，这份"兼职收入"对于星海来说是非常重要的经济支持。

　　萧友梅还亲自陪同星海去应聘"上海工部局管弦乐团"单簧管乐手一职。可惜星海没有被录取，虽然素有"南国箫手"的美誉，但星海并未经过长期的专业性学习，与乐队要求的演奏水平还是有一定差距的。

　　入学之初，星海师从法利国（即富华）主修小提琴，辅修钢琴（师从李恩科）。星海早年在岭南从邓炳奎学习小提琴，入国立北京艺术专科学校后又从托诺夫学习，所以星海入学时小提琴演奏也有一定基础，演奏水平应该还不错。

但是，星海的年龄已经 23 岁周岁，与器乐专业的其他同学相比，大得太多了，专业基础也相对薄弱。院长萧友梅于是劝说他改专业为主修作曲，这对于星海日后的音乐道路选择是"一种启发"。

"音乐是陶冶性情启发民智的时间艺术，它不同于其他学科。切莫过问政治而误入歧途，到头来葬送自己的艺术道路。"

星海后来所走的"救亡音乐"道路，与萧友梅对他的期望似乎背道而驰，却也成就了星海音乐家的梦想。

南国社是由剧作家田汉组织成立的文艺团体，"南国"一词源于1924 年田汉与妻子创办的期刊《南国半月刊》。

1926 年，田汉与唐槐秋等人创立了南国电影剧社，次年改为集文学、电影、音乐、戏剧等于一体的综合性文化团体——南国社，确定了"团结与时代共痛痒之有为青年，作艺术上之革命运动"的宗旨。南国社的成员，不少成为中国戏剧、电影、音乐、美术等方面的骨干人才，张曙是音乐运动的负责人。

1928 年间，星海在上海的街头上张贴广告，想要找到一份教授私人小提琴的工作。在

专任教员兼小提琴组主任法利国，又名富华

音乐院虽有兼职的收入，但要维持生计和学费等还是常常会捉襟见肘，他不得不再想办法赚钱。

一次，南国社的组织者田汉在街头上看见了星海张贴的广告，于是就派三弟田洪去了解这位老师的基本情况。

了解到星海这位穷青年音乐学生的情况后，田汉写了一首词让田洪带给他，叫他试着谱曲。拿到星海创作的歌曲，田汉让南国社成员张曙（国立音乐院学生）试唱。感觉作曲"还可以"，田汉便让张曙将星海介绍到南国社。此后，星海成了南国社的"常客"。

南国社青年走向社会，以狂飙精神推进新戏剧运动，曾多次到南京、杭州、广州等地演出。星海在课余时间里参与了南国社组织的一些进步文化活动，特别是与音乐有关的活动，抵制低俗的城市流行音乐，如"反对黄色音乐，反对美式大腿舞斗争"等。

与田汉相识，参加南国社的活动，为星海的音乐思想道路奠定了一个良好开端。留法回国之后，星海与南国社又有了更深入的接触，开始与田汉在词曲创作上合作，而他的音乐观和人生观的形成转变，也与田汉的影响有一定的关系。

星海在国立音乐院的刊物上发表了《普遍的音乐》，认为"中国需求的不是贵族式或私人的音乐"，而是"普遍的音乐"，中国想要出现像贝多芬式的伟大作曲家，必须要从"普遍人群教育（普及音乐教育）入手"。

1929 年，冼星海在家中练琴

要将中国变成"音乐的中国"才有可能实现、成就伟大音乐家这一梦想。同时，学音乐的人要承担"用音乐救中国的责任""要吃普通人所不能吃的苦"……

虽然星海还不明确如何创作"普遍音乐"，但这种可贵的"贫民音乐观"，正是来源于星海长期的贫苦生活经历与他对音乐的挚爱。星海对劳苦大众给予了更多的同情，他后来的救亡音乐思想，音乐创作和普及救亡歌咏运动等工作，始终都未脱离这样的思想认识基础。

1929 年，星海把母亲黄苏英接到上海，母子俩暂居住在南国社所租住的房子内，后又搬至法租界的一个弄堂内。星海继续在国立音乐院学习，但生活依然十分拮据，时常债务缠身。

好在他也遇到了一些善良的师友，他们的慷慨解囊，也偶尔会减轻他的生活压力。上海光华大学教务长的董任坚先生与他的夫人王瑞娴女士(上海国立音乐院钢琴副教授)对星海比较照顾，他们常借钱给星海，让他在用于学业开销之余，也可为母亲略微"改善"一下生活。

学潮事件

百年巨匠
Century
Masters
冼星海
Xian
Xinghai

正当星海满怀音乐理想，努力克服生活困难刻苦学习的时候，一场意外的学潮事件，使他不得不终止了在上海国立音乐院的学习。

1929年6月，国立音乐院推出一道命令，向暑假留在学院生活的学生另加收8元杂费。8元钱对当时家境贫寒的学生来说是个不小的数目，他们对学校的这一举措颇为不满，于是与校方交涉，但却没有结果。学校还将未缴费学生的床铺搬出，封锁琴房，拉闸停电。

这种有些过激的做法使学生情绪更加激动，进而导致了一场学潮事件。此事本与冼星海没有什么直接联系，因他当时与母亲居住在校外。但身为音乐院学生会的负责人，他自己也是穷苦学生，出于同情和责任感，星海毅然决然地与这些贫穷学生站在了一起。

借用南国社的场地，星海与另一些同学，洪潘、熊乐忱、陈振铎等人一起开会商讨，就此成为学潮的组织者。

学潮事件后来的走向，就不单单是所谓的"经济问题"了，而是发展到涉及撤换院长、反对学院改制等更为深入的程度。

事态发展与教育部的一项政令有直接的关系。当时的南京国民政府教育部修改大学组织法，规定只授一门技术（如音乐、美术等）的院校必须降格为专科学校。

国立音乐院就此改名为国立音乐专科学校，这一政令激发了部分学生的不满情绪，他们组织了"护院会"，派出两批学生赴南京请愿，要求撤换萧友梅院长，同时保留"院制"，反对"改专"，但却得不到教育部的反馈，学生和学校之间的矛盾进而激化起来。

陈振铎回忆，他们最后一次开会是在南国社内。当时学院派吴伯超前来劝说学生，说学生们的一些要求，如增聘教师、减免学费、取消钢琴租金等，学校可以接受，但是"改制"一事属于教育部的决定，学校也无法左右。星海对此大为不满，对着吴伯超大吼，"不恢复院制绝不罢休！……"

昔日曾尽力帮助过的学生"如此反对"学校，这让院长萧友梅很是痛心。更让他头疼的是，自己被夹在受聘主管（教育部）上级与闹学潮的学生之间，有苦说不出来。

实际上，萧友梅也十分反对降格改组，他曾致信教育主管胡汉民，以欧美设有独立建制音乐院为例，力争取消改组，但无济于事。他后来更是哀叹："可惜有教育实权的诸公，知道近代欧美音乐专门教育情形的还是太少，所以国立音乐院成立不到两年之后，又改组为音乐专科学校，不能照最初核准的预算逐渐增加，反把地位降低一等，这就可以证明对于音乐专门教育，近来尚未容易多得实在内行的人。"

至于后来学校将学潮组织者冼星海、熊乐忱等人勒令"转学"（变相开除）一事，也多为教育部所设的"改组委员会"所为，并非全是萧友梅的本意。

关于学潮导火索的另收杂费问题，以及学院后来收取较高学费的问题，据陈振铎回忆，当时学院收取的学费、住宿费加起来达200多元，其实校方也有苦衷。

国立音乐院创立初期没有固定校舍，都是租用他人房屋。教育部答应提供的建校六万元拨款迟迟不能到位。随着招生人数的增加，住宿、日常开销……确实花销不菲，部分经济来源只能靠收学杂费来运转。可是这些学杂费对于像星海这样经济条件不好的青年学生来说，负担起来还是很有困难的，所以就有了后来的"矛盾"。但这些矛盾的始作俑者根源应是政府财政上的空头支票，及其教育部门对专业音乐教育模式的认识不到位。

学潮风波之后，星海俨然不能再在上海接受音乐专业教育了。但对于这位梦想成为伟大作曲家的青年人来说，怎能轻言放弃、半途而废呢。他要寻找更好的音乐环境，继续提高专业音乐水平。

星海决定到"音乐之都"——巴黎留学。

第二章 | 求学巴黎 成风之研

星海对法国音乐艺术心向往之，成名后的他在《我学习音乐的经过》中，追溯了选择去巴黎的缘由：「感到国内学音乐的环境不方便，很想到法国去。同时，我奢想把我的音乐技巧学得很好，成为一个国际的音乐家。」

宝剑锋从磨砺出

百年巨匠
Century
Masters
冼星海
Xian
Xinghai

欧洲工业革命后，法国巴黎跃然成为世界艺术家向往的艺术文化中心，这里汇集了许多知名艺术家，文学界的雨果、仲马父子、巴尔扎克、罗曼·罗兰……，美术界的毕加索、莫奈、罗丹……，音乐界的柏辽兹、德彪西、拉威尔……这些艺术大师所缔造的法兰西文化成就令人称叹，也让人向往。20 世纪，许多新的艺术风格和流派也都在这里产生，其中，法国印象主义绘画与音乐流派，尤为引人瞩目。

五四运动以来，巴黎这个名副其实的艺术之都，深深地吸引了热爱文学艺术的中国青年。徐悲鸿，1919 年留法，就读于巴黎国立美术学校；傅雷，1928 年留法，就读于巴黎大学；马思聪，1926 年赴法国南锡音乐学院、巴黎音乐学院学习。

星海对法国音乐艺术心向往之，但因经济条件不允许而迟迟不能成行，好友伍伯就说，"其实星海是想出国学习的，可惜他还凑不到路费"。成名后的星海在《我学习音乐的经过》中，追溯了选择去巴黎的缘由，"感到国内学音乐的环境不方便，很想到法国去。同时，我奢想把我的音乐技巧学得很好，成功为一个国际的音乐家"。

星海经历了上海国立音乐专科学校的学潮风波之后，已经不可能再在国内最好的专业音乐教育机构求学了，为了进一步提高音乐专业水平，他不得不"另寻出路"。

经济贫困依然是横亘在星海音乐之路上的一堵大墙，熊乐忱回忆，他们这些被要求"转学"的学生都另找出路了，他本人凑够

了费用准备出国，可是星海一时
间还不能筹到旅费，只好继续想
办法。

这时候，星海想到了他学习
音乐的起点——新加坡，准备到
那里设法筹集些留学资金，1929
年下半年，他动身去了新加坡。

在广东籍青年水手的帮助
下，星海混入船舱底的水手间，
一路颠簸抵达了新加坡。当年养
正学校的恩师区健夫、校长林耀

1930 年，初到巴黎的冼星海

翔此时已不在新加坡了，星海找到了哪些友人筹款现已无从知晓。

1930 年 1 月，当熊乐忱在新加坡见到星海时，他还未筹集到足够
的旅费。熊乐忱离开新加坡前往法国巴黎，而星海仍在那里努力筹钱
与打工赚钱。大约两个多月后，星海才抵达巴黎。

25 岁的冼星海选择远赴巴黎，"奢想"在这里"把自己的音乐技
术提高的更好"。这种"奢想"其实也是有可能实现的，因为这里有
世界顶级的音乐院校——巴黎国立音乐院，常有著名乐团来此演出，
顶级的音乐大师来此讲学，而且 20 世纪初期的法国印象主义音乐，
也会让星海领略与以往古典、浪漫乐派不一样的音乐风格。

初到巴黎，星海立即去探望挚友司徒乔，他两年前就已经来法留
学，专攻美术。可是，当星海找到司徒乔的住所，才知道司徒乔因经
济原因转到美国求学了。未能见到朋友，星海一时连个临时安顿的地
方都没有。

身处异乡，孤身一人，他只好先找个落脚的地方，在巴黎五区马

拉布朗舍的桑利斯旅馆租了一间房后，很快就身无分文了。为了维持生活，他到巴黎拉丁区华人饭店找了一份服务员的工作。这个饭店常有许多不同国籍的青年学生来吃饭，地方狭窄，中午的两小时就餐时间最为繁忙，等餐的顾客拥挤不堪站满走廊，服务员困难地穿梭其中，为顾客点菜、端饭，同时还要负责结账收款，足以使人应接不暇，精疲力竭。星海在结束这样紧张的服务生工作之后，便忙不迭地跑回宿舍，抓紧时间练习小提琴演奏。尽管如此紧张劳累，这段时间的生活还算稳定。后来，由于饭店裁人，星海不得已离开了这家华人餐馆。

此后，星海一直都奔波于打工者的行列，生活也开始动荡。他在餐馆做跑堂，在洗浴中心里做堂倌，给人看过电话，做过厨师⋯⋯，总之，都是些"低下"而繁杂琐碎的工作。因为交不起房租，星海曾夜宿塞纳河畔，为了节省房租，他也经常搬家。

生活虽说艰难，星海努力寻找可以学习音乐的机会。当星海得知广东同乡马思聪在巴黎音乐学院学习，他似乎看到了一个通向巴黎音乐殿堂的机会。他很快就去拜访了这位日后中国第一代小提琴演奏家和作曲家。

"我从马德里街的巴黎音乐院的课堂里出来，有一位穿着破烂大衣的广东人向我打招呼，那是我第一次遇见冼星海"。

了解到星海的学习渴望和生活境况后，马思聪向自己的老师——小提琴演奏家保罗·奥别多菲尔推荐了星海。见到星海，奥别多菲尔对这位穷困而勤奋的音乐青年颇有好感。得益于马思聪的引荐，星海开始向奥别多菲尔学习小提琴演奏。

奥别多菲尔每月的学费是 200 法郎，因为知道星海没有经济来源，全靠自己打工维持生计和学费，爱才心切的他免收了星海的学费。星海与这位外国音乐老师也结下了深厚的师生之情。

星海争取到了作曲的学习机会，他结识了巴黎音乐学院著名的教授路艾日·加隆，跟他学习和声学、对位学、赋格写作等作曲理论技术。这位资深的作曲教授看到星海如此勤奋好学，也慷慨地免除了这位中国穷青年每月 200 法郎的学费。

星海还机缘际会地结识了著名的俄国作曲家普罗科菲耶夫，并得到了这位音乐家在生活和学习上的帮助。了解到星海需要打工维持生活，星海获得许可在他家里做一些杂工，如收拾房间、买东西等。星海非常珍惜在作曲家身边的工作机会，普罗科菲耶夫与他交流音乐，帮助他批改作曲作业，教授他音乐创作上的一些技巧和规则，甚至在星海求学之路上也给予过重要的帮助，星海后来在自传中曾写道："……普罗科菲耶夫的帮助，我考入了世界著名的两所音乐学校（巴黎）。"

虽然有幸得到了一些音乐家的帮助，但因为常常要工作，星海用来学习的时间总是显得不够用，他不得不在打工时间之外抓紧一切时间学习。

> 在繁重琐屑的工作里，只能在忙里偷闲抽出时间来学习提琴、看看谱、练习写曲。但是时间都能不固定，除了上课的时间，无论如何要想法去上课外，有时在晚上能够在厨房里学习提琴就好，最糟的有时一早 5 点钟起来，一直做到晚上 12 点。

有一次，因为白天上课很疲乏，回到饭店又一直工作到晚上九点钟，最后一次端菜上楼时，因为眩晕竟"连人带菜都摔倒"，挨了一顿骂之后，第二天就被开除了。星海描述这一时期的生活"贫困极了，常常妨碍学习"。

巴黎这座艳丽多彩、香色迷人的城市，低俗、慵懒、享乐之风也侵染着那些初来乍到的中国留学生。但它却从没有腐蚀到星海，他深知自己的理想和目标，也没有条件放纵自己。星海把有限的工作闲暇都用在了练习提琴和学习上，尽管经济十分窘迫，他对欣赏音乐却从不吝惜，时常把仅有的金钱结余用来听音乐会、观赏歌剧及购买专业书籍。他曾经兴致勃勃地邀请留学生郑式如一起去巴黎最大的歌剧院观看法国作曲家古诺的抒情歌剧《浮士德》。

生活的窘迫和需要学习的东西太多，星海暂时搁置了"国际的"音乐家的丰满理想，潜心学习。他对董任坚说："我不希望做一个大名鼎鼎的音乐家，因经济与环境都不许我做。我只希望能领略音乐之美，尽量去研究它。"

星海是那么钟爱音乐，他希望有更多的人致力于发展中国音乐文化，把国内音乐文化最发达的上海变成像"巴黎一样"，人们能有足够多的机会去聆听音乐，随时可接受音乐的洗礼与滋养。身在巴黎，他时时关注国内音乐发展。他曾在信中请求董任坚帮他留意国内的音乐发展动态，"我是中国人，所以我极关心中国。我喜欢音乐，所以我尤其关心中国一切音乐之进展"。

身在海外，星海内心深处的民族情怀难以割舍。在巴黎参加国际工会，看到有关国内的新闻和照片，星海为之动容，难以平静。

"看到了流离失所、饥饿死亡的同胞；看到了黄包车（人力车）和其他劳苦工人的生活；看到了国共分裂的大屠杀……这些情形，更加深了我的思念、隐忧、焦急"。这些来自祖国的消息和对祖国的思念也激励着星海更加努力。

现实生活中，星海经历的磨难和打击确实不少，生活的艰难总是难以想象的。繁重的工作琐碎而杂多，本就无暇休息，加上学习任务繁重，星海经常会在超负荷学习和工作时疲惫不堪，体力不支，以至于出现工作失误的情况。常常会被责骂、殴打，甚至被开除。

星海在巴黎期间经历过十几次失业，随之而来的便是挨饿。有时甚至饿得晕倒在大街上，幸好遇到过一些好心的没落贵族和白俄罗斯人，他得以救助。这些落魄的朋友得知星海会拉提琴，有机会就叫他到各种宴会上去演奏，每次给两百法郎，多的时候给一千法郎，使星海在极端困难的时候多少能维持温饱。

即使过着这样窘迫而不稳定的生活，为了维护自尊，他也从来不把自己是个打工的学生身份告诉同事。因为不知道星海的底细，也觉得他和别人不一样，同事们对他很不好，故意在星海有课的那天多找工作给他，甚至打骂他。

"一个东北同事，他看见我学习时，总是找出事来让我做，譬如说壁上有丝尘，要我去揩等等"。

但星海依然对这个同事很好，帮助他给国内的亲人写信。被感动后，他对星海特别看待，还给他衣服。即便这样，星海也不肯告诉他自己是个学生。

实在没有钱了，星海就提着琴到咖啡馆里演奏（卖艺）赚点儿钱。为别人提供艺术服务，让星海不得不降低自尊，最令他难受的，却是一些同胞的不理解和羞辱。

一天，星海在咖啡厅里演奏小提琴，一位有钱的中国留学生看见之后觉得不舒服，轻蔑地踢翻了星海用来装钱的碟子，还打了他一个耳光，说他丢中国人的脸。星海当时"含着泪悲愤得说不出话来"。如果不是经济窘迫，谁能愿意放下自尊来讨取生活费呢！

星海所认识的那些公费留学生们，不喜欢和这个穷苦而又勤奋的学生来往。他们可以领到一大笔津贴，但却不借给星海一个法郎，或许是因为，星海的存在也反衬出他们穷奢极欲的生活吧。

就这样忍着屈辱拼命工作，有时也赚不到几个钱。星海在巴黎总是搬家，因为想找到更为便宜的房子。在捉襟见肘的时候，不得不有意躲着房东，生怕来催缴房租。生活开销上星海也是极力节俭，从不在外面吃饭，通常都是买点儿面包、火腿等填饱肚子。

有时候，星海回到寓所，看着自己拉了一整天琴赚来的却只有几个零钱，十分伤心，于是用力地将它们摔在地上，可是发泄过后又能怎样？还得将它们拾起来，少也胜于无啊。房东催钱时，他只得把这为数不多零钱给他暂时救急。因为，在巴黎恶意拖欠是要被起诉，追究法律责任的。

星海的生活条件十分简陋，他在巴黎拉丁区山维舍尔大街 8 号，一座多层楼顶层的阁楼内居住的时候，那个房间只有八九平方米，只有斜置的屋顶上开着一个天窗。夏天闷热至极，有时只能将头伸出天窗之外，以便呼吸一下新鲜的空气。

马思聪去过星海的住处，他描述了这间狭小的"所谓房子"里的星海：只有一个成人的高度，一张床紧贴着一张台子，台子上是一面叫作"牛眼"的朝着天空的玻璃窗。星海练琴时就站到台子上，上半身伸出屋顶，伸向天空，"对着上帝练习他的音阶"。

生活的折磨，没有让星海灰心，但也时常让他迷茫和焦虑。贫困和窘迫的生活，让星海在别人面前时常展现的是"憔悴面孔和磨破了衣袖的破西装"。奥别多菲尔老师会多送给他音乐会门票，而且在有自己演奏小提琴的音乐会里，不嫌弃星海的"穷拙"，安排他坐前排。

老师的理解和"意外的关怀"，让星海鼓起勇气面对困苦的生活，也让他开拓了音乐眼界。星海的音乐学习有了很大进步，他学习如何应用复杂的音乐技巧，并开始创作音乐作品。

虽然会为了生活琐事而烦恼、失落、悲愤、愁苦，有时星海也会一个人出去散心，在巴黎街头观看各种游行活动。他喜欢法国国庆节和"贞德节"，后者是一个纪念法国女英雄贞德的节日。在这些节庆活动中，有步兵、卫队、坦克等游行，伴随着进行曲风格的游行音乐，巴黎市民时常会高唱法国国歌，这让星海很感动。

冼星海与留法巴黎的郑志声（右）[1]

1932 年，当时中国东北已经沦陷，星海在法国街头观看游行。悲壮的法兰西国歌深深地触动了星海，"想到多难的祖国，以及自己巴黎所受的种种辛酸、无助与孤独"，星海眼里充盈着泪水，回到工作

---

[1] 郑志声，广州人，指挥家、作曲家。中学时期曾组织学生管乐队，与当时担任岭南乐队指挥的冼星海结识而成为朋友。1927年先于星海赴法国学音乐，因学习成绩优秀，1933年被里昂音乐学院推荐到法国最高音乐学府巴黎音乐院深造，师从B．H．比塞学作曲，P．戈贝尔学指挥。毕业后在巴黎高等音乐戏剧专科学校任教。在留法巴黎的中国留学生中，两人是唯一同在巴黎音乐学院专业学习作曲的同学，也建立了独特的友情。郑志声回国后，1940年9月，冼星海介绍他到重庆国立实验剧院任教，兼该剧院训练部主任和实验乐团团长及指挥。

中国留法音乐学会（左起：冼星海、季继红、李俊昌、曾竹韶、郑志声）

的店里，他偷偷地哭了起来。在悲痛中，星海不禁思考如何挽救危难的祖国……

生活在艰辛与窘迫中也会夹杂着些许学习的快乐和朋友的温暖，星海与同在法国留学的几个中国留学生结成了联盟，在一起学习音乐，友谊和帮助让星海备感欣慰。

1932年，当时留法学习音乐的学生，星海、曾竹韶、郑志声、季继红、李倡俊等五人组织了一个巴黎留学生音乐学会，他们关注国内的社会、政治动向，探讨如何发展中国未来的民族音乐。

为了提高音乐技能与素养，留法音乐会学生共同聘请了一位声乐老师，他是郑志声在巴黎音乐院老师的弟弟，退休前曾是巴黎歌剧院的合唱演员。出于对这些中国学生求学精神的欣赏，这位声乐老师免除了他们的声乐学费，只让他们支付100法郎的钢琴伴奏费。四位同学共上一堂课，这100法郎的费用也就由四人平摊，每人25法郎。

曾竹韶当时在里昂美术学校学习雕塑，课余时间师从于奥别多菲尔学习小提琴，因为和星海是一个音乐专业老师，也就更为亲近一些，他给了星海不小的帮助。大家一起平摊学习声乐的学费，曾竹韶自己一个人就交 50 法郎，多出的 25 法郎替星海支付。

室内乐三重奏《风》

星海开始尝试创作声乐作品，二声部合唱《牧歌》、艺术歌曲《雨天的乡村》《夜曲》（法语）等。

这些作品都是星海的早期习作，艺术歌曲是星海音乐创作中的一部分，他在法国和苏联时期，创作的较多。早期的艺术歌曲创作中也显现出他的音乐才华。《夜曲》歌词来自一首法文抒情诗，大意"啊！我的幸福，难道你只是梦幻，昏天中闪烁的繁星？我被那纷乱的理智困扰，……"

《夜曲》多处运用了交替拍子，旋律流畅，歌词与旋律结合自然，能看出星海对法文音韵的初步掌握。钢琴伴奏部分比较富于变化，运用了离调、模进等作曲技巧，拓展了原诗的内涵和意境。

星海创作了一首室内乐作品，《d小调小提琴与钢琴奏鸣曲》（op.3），1935年1月，在巴黎音乐院首演。在创作这部作品时，星海以艺术家的慎重态度，用时8个多月才完成。作品音乐富于动力和戏剧性，乐思发展流畅，逻辑清晰，具有"现代音乐风格"。星海的作曲技术有了很大的进步。

三重奏《风》成为星海巴黎音乐生涯中的重要转折，作品为女高音与单簧管、大提琴而作，这是星海从生活的磨砺中沉淀出来的游子心声。

那段时期，星海在巴黎经济的日渐窘迫，为了能够租住到更便宜的房子，星海不得不来到巴黎十五区的一间破房子里居住。这个房间在7层，从窗口能看到半个巴黎的市貌。这层住的都是艺术青年，歌手、画家、演员，走廊墙壁上贴满了五光十色的演出海报，颇具艺术氛围，星海在这里孜孜不倦地学习和创作。只是这里的房间条件很差，屋内高低不齐，刚好能放下一张床和一张小桌。房间破旧不堪，四处漏风。冬季，根本抵挡不住巴黎室外来势凶猛的寒风。

一个夜晚，室外突然狂风大作。星海因为没有棉被，在寒风中冻得瑟瑟发抖，实在无法入睡，他便起来点灯写谱。

哪知，风猛烈吹进，煤油灯（安不起电灯）点着了又吹灭。我伤心极了，我打着颤，听寒风打着墙壁，穿过门窗，猛烈嘶吼。我的心也跟着猛烈撼动。一切人生的、祖国的苦、辣、辛酸、不行，都汹涌起来。我不能自己，借风述怀，写成了这个作品。

星海把对祖国的思念，也写到《游子吟》《中国古诗》和其他一些作品中。

《风》是一首带人声的三重奏作品，星海后来也将它带回了上海，可是曲谱却在战乱中丢失，现已经无法找寻。从朋友们的回忆与讲述中，可以领略它的大致风格。

曾竹韶回忆，"《风》的篇幅并不长，但比较抒情、伤感。由于冼星海酷爱法国马迪尼的一首抒情歌曲《爱之颂歌》，因此《风》多少受到了些马迪尼作品的影响"。

何士德回忆，"我看到的《风》是用钢笔写成的大八开本横长总谱，女声独唱并没有歌词，只用声母发音，……"

由此可见，三重奏《风》强调以人声与器乐的对比与协作，两者之间既有对抗又有协作。显然，星海认为用语言已经无法表达内心的情感，这种纯音乐化的处理回避了歌词的出现，人声与器乐在音乐语汇上协调一致。没有了歌词内容的框定，声乐与器乐的融汇与呼应更为自由，从而使音乐的表达有了更多的可能性。

伤感的情绪可以说是星海多年贫苦生活经历的感怀，特别是到法国后这两三年痛苦经历的积淀，在巴黎的寒风侵袭下随之爆发。

百年巨匠
Century
Masters
冼星海
Xian
Xinghai

从幼年起，随母为了生计而流离到了新加坡；回到岭南，以及此后京沪求学，为了读书，不得不在课余时间工作或休学工作；留学巴黎，为了生计辛苦打工，到咖啡馆里低头卖艺，有时还要受到他人的白眼，甚至是自己同胞的侮辱……这一切的一切，在那个寒冷的夜晚都化作成了悲凉的音符，从他的笔尖倾泻到五线谱上。

在加隆教授推荐下，《风》与星海创作的男中音歌曲《中国古诗》一起，破例在巴黎音乐院新作品演奏会上演出。法国女高音歌唱家杰尔曼担任独唱，《中国古诗》则由巴黎喜歌剧院的男中音歌唱家来演唱，美耶女士担任钢琴伴奏。

音乐会上，星海的作品演出获得了成功。或许是因为《风》的情感真挚而深沉，技巧形式与内容结合完美，法国作曲家保罗·杜卡、拉威尔等都很喜欢它，留法的苏联作曲家普罗科菲耶夫也很欣赏。

"想不到《风》那么受人欢迎，我的先生们很称赞它。"

通过老师的引荐，星海认识了法国印象派作曲大师保罗·杜卡。杜卡特别欣赏这位东方的年轻人，他不仅送衣服、钱、乐谱给星海，还鼓励星海报考自己在巴黎国立音乐院开设的高级作曲班。

得到梦寐以求的求学机会，星海兴奋却又担忧，因为要为报考巴黎音乐院而努力和做一些必要的准备，至少得找到或者花钱雇人排练自己的作品。

一位法国女青年作曲家，欣赏和爱慕星海，她给了星海长久以来的支持和帮助。她教星海法文，还不时地在经济上接济他，鼓励星海不要灰心。这次更是义无反顾地支持他，练习了 8 个月的钢琴为星海伴奏。如果星海后来回国后还能再返回法国，这段异国恋或许会成为他情感生命中的终曲。

巴黎国立音乐院的高材生

虽然得到了保罗·杜卡大师的支持，但星海报考和攻读巴黎国立音乐院的过程还是艰辛和曲折的。经济的困扰自不必说，能够考入这所享有盛誉的音乐高校里的学生，大多来自西方发达国家，家境殷实。星海，清贫得连基本的生活支出有时都难以保障，穿着自是不得体，考试那天，巴黎音乐院的门卫竟然不相信这个穿着窘迫的中国人是来考试的。

> 报考的那天，巴黎音乐院的门警不放我进门，因为我的衣服不相称——我穿了一套袖子长了几寸的西服——又是中国人。我对门警说：我是来报考高级作曲班的。他不相信，因为中国人考初级班的也很少，而且来的都是衣冠楚楚的人。高级班，过去只有马思聪先生入过提琴班。……正在为难，恰巧保罗·杜卡先生从外面来，他攀着我的肩一同进去了。

高级作曲班的考试分为两部分，笔试科目是"和声、赋格、作品分析"，另外是一首考生自己的原创音乐作品。星海顺利地通过了高级作曲班的考试，因为成绩优异，经过考试委员会的评议，学校决定给予他荣誉奖，按照学院的规定，星海可以提出一些物质上的要求。

当被询问到最想得到什么东西的时候，星海几乎不敢相信自己的耳朵，激动之余，他说出自己最实际的需求——"饭票"，这出乎意料地回答让评委们感到惊讶。令人唏嘘，对这位日后的大音乐家而

百年巨匠
Century
Masters
冼星海
Xian
Xinghai

言，进入巴黎音乐院学习，首先要解决的居然是"吃饭"这一生活的最基本保障。

基本解决了吃饭问题，其他生活问题还得依靠星海自己解决，好在巴黎的音乐老师和朋友们又一次给予他慷慨的帮助。

在奥别多菲尔的帮助下，星海得到了一份代抄乐谱的工作，他非常珍惜。奥别多菲尔对他的业余学生曾竹韶说，星海做事很认真，总是一丝不苟，令人满意。抄谱的收入虽然相对可观，但也不是总能够持续。奥别多菲尔又带着星海找到巴黎歌剧院的工作人员Louis Laloy，让他帮星海找一份工作维持他的生活，结果并未成功。老师一直都在尽其所能的帮助自己，这让星海非常感激。1935年临回国时，他将自己的一首弦乐四重奏作品《萨拉班德》题送给了奥别多菲尔。

当时的中国国内有明文规定，学习成绩优异的留学生，有条件申请公费支持，星海多次向政府申请公费留学。可是国民政府不作为，星海的申请一直没有得到回复，他极为失望。

> 照我的成绩及资格说来，是应得公费的，但祖国政府对我几番请求都没有答复。学校给证明，甚至当时巴黎市长赫里欧也有证明文件都不行。

星海还设法通过其他关系申请公费，他曾拜托郑式如，请他设法

冼星海就读于法国巴黎音乐院时使用的学生证

托关系向当时主管留学生公费发放的李石曾请求公费支持。他甚至想申请法国"庚子赔款"中的留学生资金，也因受到阻挠而不了了之。

"结果是从始到终一文公费也领不到，我在巴黎音

乐院几年生活，只靠师长和学校的资助。"

国家教育政策虽然倾向优秀学生，然而实际情况却被各种人为因素左右，成绩优异的穷学生未必能领到公费，而得到公费支持的不一定都勤奋好学。

星海多次搬家，曾居住在一个被戏称为"蜜蜂窝"的一个小房子里，这个房间从外面看就像是一个外挂的"鸟笼"。原本是房子的出口，不能居住，可是房主为增加房租，就索性把它的四周围起，夹壁了一个房间，冬冷夏热。

这个"人造"房间面积很小，只够放一张小床和一张桌子。星海在床头上写了一行小字："岂能尽如人意，但求无愧我心。"

这句话原本是明初军师刘伯温的自勉词，此后多位文人志士，如林则徐、邹韬奋等人都引用过，萧友梅也曾在自己北京的琴室里悬挂了这副对联，可以说是有志青年人自勉的典范。

它无疑是星海当时境况的真实写照，没有公费资助，全靠自己打工与师友们的帮助，生活的确不太尽如人意。但是，为了执着于心中的音乐梦想，无论多困难都要努力追求，努力过了自然是问心无愧的。

过了一段时间，星海搬到这间小屋隔壁，这间"鸟笼小屋"又住进了一位中国未来的雕刻大家——滑田友。同在异国留学的清贫生活，滑田友和星海有了很多的共同话题。星海得不到公费的愤懑，对中西音乐的看法，或是学习上取得一点儿进步与喜悦，都曾与滑田友分享和交流。两人互相评价自己的作品，切磋和交流艺术创作。

关于作曲的问题，我们不应该受到任何乐器的限制，譬如，乐队最强的时候用大鼓，若将来有必需，大鼓不够甚至可以用大炮。同时也不应该说学音乐的人只有学西洋音乐才

百年巨匠
Century
Masters
冼星海
Xian
Xinghai

1935年，巴黎音乐院高级作曲班合影（前排右二冼星海）

是正规，其实我们中国的音乐也有很宝贵的遗产，我们可以
开发出很大的园地。譬如西洋乐器与中国乐器来一个很大的
合奏，一切的声音都可以利用到一个曲子里面。

星海在杜卡先生的高级作曲班里收获良多，他创作的《小提琴与
钢琴奏鸣曲》第一乐章，得到了杜卡的赞赏，在课堂上公开点评，作
品后来还在巴黎演出过。

法国人当时是看不起中国人的，由于欧洲音乐中心论的影响，欧
洲人认为中国音乐不发达甚至落后，星海在作曲班的表现和成就，逐
渐让其他学生对这位中国留学生的印象有了好的转变。

告别巴黎

1935 年 5 月 17 日，一代印象派作曲大师保罗·杜卡因突发心脏病离世，这让他身边亲友、学生始料未及。杜卡一生作有著名的交响作品《魔法师的弟子》，曾获得过罗马作曲大奖二等奖，培养出了法国著名的作曲家、序列主义音乐的代表人 —— 梅西安⋯⋯

星海对恩师的突然辞世感到万分悲痛，"痛哭了好几回"。他在给挚友司徒乔的信中说，"杜卡是法兰西音乐史上不灭的火"，他为法兰西乐坛创造了"近代音乐的'力'（focue）"。

星海追溯了恩师在音乐史上的功绩，难忘记"他在离世前两天给自己班级上的最后一课，下课后同学们送他至学校门口，他还叮嘱大家要好好作曲"。

最后一堂课，杜卡先生再次指导了星海创作的作品《游子吟》，独唱、女声三声部伴唱，大提琴、钢琴伴奏。歌词由中国古诗翻译成法文而来，星海拟用女声合唱代表母亲，大提琴代表着游子。这是一首思乡、思母、思念祖国的作品。星海准备将它作为下个月（1935 年6 月）的考试作品呈现给巴黎音乐院的作曲专家们。

或许是因为恩师杜卡的离世而过于伤心，或许是因为游走在外五年多而思念家乡、想念母亲，星海决定参加完巴黎音乐院的作曲考试后，借着暑假离开巴黎回国探望母亲。

虽然巴黎的生活对星海来说不尽如人意，在这里他饱受生活艰辛，受到过蔑视，饿晕在巴黎街头，曾在咖啡馆里卖艺而被侮辱，多次搬家，受工友欺负，得不到国家公费的支持而愤慨……但星海足够努力、勤奋、真诚、坚韧，他用这种高尚的品格赢得了尊重与帮助。

同在巴黎流离失所的外国底层人士帮助他寻找拉琴的工作，在巴

冼星海赠盛建颐的剪报。剪报上方作者写道："这是写给司徒乔一位岭南大学的旧同学的信……"

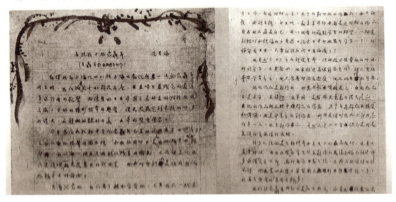

原文是冼星海写给司徒乔的长信，[1]介绍了已故恩师杜卡的音乐生涯与成就，借以表达了深深的悼念

---

① 这封信几个月后，被司徒乔冠以《悼念保罗刁客士》一名，刊登在《大公报》"艺术周刊"第45期校录1935年8月10日。

1935年，巴黎卢森堡公园，冼星海与巴黎留学友人（中间者为冼星海）

黎留学的同胞帮他缴纳私教学费助他学习，有法国女教师为他弹奏钢琴伴奏鼓励他勇往直前，慈爱的法国修女为他提供住处（星海作为她们的房客），为他提供营养的素菜食物；更有巴黎音乐大师奥别多菲尔、加隆、杜卡，在生活上慷慨解囊，免除学费、送衣送物、帮找工作，以及巴黎音乐院的那本饭票。这些帮助足以让星海对巴黎的求学生活有着许多美好的回忆，让他将这些回忆化作音符融入他的艺术血液里，但求无愧于自己追求艺术的真心。

准备离开巴黎了，临行前，星海将自己得到满意学分的作品，小提琴组曲之萨拉班德舞曲改编成弦乐四重奏，作为礼物送给老师奥别多菲尔。奥别多菲尔也珍惜与这个中国留学生的情谊，他请来自己的朋友演奏这个作品。

星海对巴黎的师长、友人、同胞有着几多不舍。但是，他也有多么的思念母亲和祖国，"我等待学得相当成绩便可归家"。现在是时候回去看看了，他想着自己还会再回到巴黎，到这里继续学习。

巴黎的留学生活，给了星海拓展眼界和增加见识的机会。假期里稍事休闲，他会利用打工仅存不多的钱去欧洲游历。几年的时间，他也游历了许多国家和城市，感受了丰富的欧洲人文艺术。

1935 年夏，星海最后一次欧洲旅行。星海先是到伦敦探访一位朋友，这一次，星海再一次受到了不公正的对待。英方工作人员见他穿着穷困，不相信他是一个旅行者，竟然拒绝让他入境，并扣留了他几个钟头。最后，是打电话到公使馆才得以入境。这件事也使得星海对伦敦的印象十分不好，这种"殖民地公民的待遇"让他产生了强烈的民族责任感，"帝国主义对弱小民族是歧视的，英国的成见尤深"。

从伦敦回来后，星海搭乘一艘英籍轮船绕行非洲回国。

巴黎的五年学习，星海比较系统地掌握了现代音乐的作曲技巧，丰富了自己的音乐修养，也开阔了自己的艺术视野。一定程度上，他在艺术思想、创作方法和技法上也受到了当时风行西欧的印象派音乐的影响。

女高音、单簧管与钢琴《风》，艺术歌曲《游子吟》，以及《d 小调小提琴奏鸣曲》等作品，大多仍属于模仿欧洲音乐风格的习作，这种影响在他返国初期的艺术歌曲《老马》《断章》中还有痕迹。

百年巨匠
Century
Masters
冼星海
Xian
Xinghai

第三章 ｜ 回归上海 艺术报国

在抗战时期和左翼进步文艺工作者的影响下，星海的音乐梦想也从不切实际的「为艺术而艺术」，转向了与时代密切结合的「为人生而艺术」，投入到抗日救亡歌咏运动中，也找到了「中国的普遍的音乐」。

为艺术而艺术

百年巨匠
Century
Masters
冼星海
Xian
Xinghai

20世纪30年代前后，我国专业音乐教育有了初步的发展和提高，一批到国外进行专业音乐学习的音乐人才相继回到国内，上海、北京等地，开始出现我国音乐家的音乐会表演。

由于政治文化环境特殊，上海租界区聚集了众多文化艺术家，很多外国音乐家留居在此。作为中国最早的一所专业音乐机构，上海国立音乐专科学校（原上海国立音乐院）当时汇集了很多的中外音乐人才。

上海国立音乐专科学校的老师应尚能、周淑安、郎毓秀等人，都曾举办独唱音乐会，或与她们的学生一起举行师生音乐会。小提琴演奏家马思聪在上海、北京、广州等地多次举办小提琴独奏音乐会。很多演唱家和演奏家，都先后与著名的上海工部局管弦乐队进行合作公开演出。此外，一些著名的外国音乐家也来华在京沪等地旅行及演出。

30年代的中国上海，又是一个处于民族危亡时代的政治中心。中国内忧外患的严峻形势使得"救亡"成为时代主题，也催生了与救亡紧密结合的各种革命文艺形式。左翼剧联及电影、音乐小组先后成立，左翼音乐工作者任光、聂耳、吕骥人等开创了具有强烈战斗性和深刻现实性的革命歌曲与群众歌曲。

在救亡歌咏这一时代艺术潮流发展中，星海回到上海，开启了他的音乐事业道路。

在从巴黎回国的旅程中，因为没有钱坐豪华游轮，星海在朋友的帮助下，坐着货船，一路上与回国的工人、水手们一起生活。

这样的日子虽然清苦，但星海很愉快。他自诩是"半个工人"，因为在巴黎时，他和工人们有过接触，为他们演奏过小提琴。在货船上，他与船上工人、水手一起，度过了一段"说说笑笑、坦白真挚"的旅途生活。路过非洲时，星海还有机会上岸观光了一趟。

货船开到香港，离祖国越来越近了，但星海的心情却越发不能平静。中国的古建筑和殖民地时代的西方建筑风格一并跃入眼帘，"喜悦和愤怒"夹杂在心中。在巴黎时，星海看过"殖民地展览会"，途经非洲和安南时，也见过当地的欧式建筑，但当亲眼见到香港也是殖民地式的建筑风格，甚至"连颜色也一样"，星海的民族自尊心受到了极大的冲击，他感到前所未有的耻辱。而香港的印度巡捕的故意刁难，也不由得让他更加愤恨。

后来回到上海，目睹租界地傲慢的外国人，衣服褴褛的码头工人，灾难深重的祖国，"比起在巴黎影片中看到的情景"更使他感到难过。长期生活在社会底层，与劳苦大众亲近，对星海而言，保留了更多的民族情结和大众情怀。

在乘轮船到达香港的旅途中，星海结识了俯拾，俩人在船上聊得很尽兴，俯拾后来还成为星海创作救亡歌曲最早的合作者。此时星海还了解到聂耳的音乐活动，也很赞同聂耳"救亡歌曲"的创作活动。

在旅途中，冼星海写了两首艺术歌曲，完成了一首奏鸣曲（小提琴与钢琴）的其他乐章。

艺术歌曲是 19 世纪欧洲浪漫主义音乐的代表形式，也是星海比较钟爱的一种音乐体裁。以徐志摩的诗歌《山中》《杜鹃》为词，既是他对以白话新体诗为题材的中国艺术歌曲创作的探索，同时也借徐志摩写给林徽因的爱情诗歌表达对朋友的思念。从音乐创作角度，星海对艺术歌曲和纯器乐形式的艺术探索，更多地关注了自我与内在情感，可以说是"为艺术而艺术"的音乐思想使然。

1935 年 9 月，星海抵达广州。先是去市府委托参事伍伯胜为他在广州谋职。在等待的过程中，星海在广州市府大礼堂参加广州市府职员"公余同乐会"举行的音乐会，以小提琴演奏家的身份首次公开演出。广州求职失败后，星海和俯拾同途转经香港，回到上海。

在俯拾的带领下，星海终于见到了阔别 6 年之久的母亲。这些年来，黄苏英长期靠着帮助别人洗衣服为生，还给一户八口之家当女佣，家务繁重。但是为了让星海能够安心学习，她从来不告诉儿子自己的生活状况。

母亲苍老了许多，她生活得如此艰辛，不久前还刚辞去女佣工作，没有了生活来源，得知母亲窘迫的生活境况，星海禁不住愧疚地失声痛哭。此后，每当想起这次母子重逢，星海都忍不住心中难过："在我留洋的七年里，她只靠自己养活自己，让我去追求我的理想，她那种自我牺牲的母性，使我自觉难受得很。我那时想，我要好好地服侍她，不再让她受苦了。"

星海原本只是打算"暑假回国看望母亲"，再找机会回巴黎继续学习。年迈的母亲这些年一直生活艰辛，祖国又面临着民族危机紧迫的情形，这一切最终使星海"打消了回法国继续学习的念头"，也坚

1935 年回国后的冼星海

定了要留在国内的决心。星海和母亲一起迁居到上海吕班路的一个弄堂小屋。

回国后，星海最初是想举办个人音乐会，同时，在专业艺术院校谋得一份音乐家的工作，实现"为艺术而艺术"的音乐理想，乃至国际音乐家的梦想。

星海来自巴黎著名高等音乐学府，按理说应该可以找到一份合适的工作。回上海后，去专业音乐教育机构任职无疑也是比较理想的。

星海对培养音乐人才和发展音乐教育早有见地，还在上海音乐院学习的时候，他就写过一篇文章，谈到音乐教育者的责任：

> 中国的现在实在难产生像贝多芬等的大天才，与其缺乏天才，不如多想办法，务使中国有天才产生之可能，才是学音乐的人的责任。要是中国有音乐天才产生之可能，其责任落在一般音乐教育者的身上，他们的工作是非常重大，不但学得了音乐便知足，还要广播全国、感染全国。

星海想去自己的母校 —— 上海国立音乐专科学校任职，这所学校一向也愿意聘任留学归国人才。但此前的学潮事件，已经使得星海和校长萧友梅等领导人之间有了嫌隙。另一方面，星海学习的是 20 世纪法国印象主义音乐流派，萧友梅所主持的上海音专沿袭的是德国古典主义音乐教育体制，古典音乐与现代音乐之间有着较大的差异。加之时局动荡，抗日救亡运动和民族矛盾日趋激化，为数不多的高等音乐机构也都不再积极地招收新职人员。

上海国立音专拒绝了星海的求职，他一时没有找到合适的工作。这位漂洋过海历经艰辛而学有所成的"海归"，竟然一度没有稳定的工作。

在朋友何士德的介绍下，星海认识了洪钟乐社的成员，他们中的

冼星海与帕契①

几个人与一些音乐爱好者开始跟星海学习小提琴，暂时解决了他和母亲的生活来源。

找工作的同时，星海开始筹备个人音乐会，设法参与上海知名管弦乐队的音乐会演奏排练。一来是向祖国汇报自己的学习成果，二来也扩大自己在上海音乐界的影响。

星海首先想到通过客串指挥上海最知名的工部局管弦乐队演出，这个号称"远东第一"的管弦乐队，全部由外国音乐家组成，具有很高的音乐演奏水平。

星海在巴黎音乐院兼修指挥专业，他对自己的指挥很有自信。

托何士德引荐，星海见到了乐队指挥马里奥·帕契，客串指挥的请求得到了礼貌性的应允。但当星海指挥乐队排练时，却受到了排挤和歧视，他失望地愤然而归。

关于星海与上海工部局乐队之间的交往，朋友何士德是这样回忆的：

> 不久，我们找了该乐队排练的那天，我用英文向梅伯器

---

① 上海工部局管弦乐队前身是1879年成立的上海公共乐队（铜管乐队），1907年扩大为管弦乐队。1922年正式定名，并由意大利著名指挥家帕契（又译梅百器）任指挥。在帕契的带领下，工部局乐队吸收了一批外国优秀人才，在上海首演了许多西方著名曲目，成为当时远东第一流的管弦乐队。

（帕契）介绍说冼星海是巴黎音乐院杜卡高级作曲班的高才生，并兼习指挥，暑假回国来看望母亲，想来客串指挥贵乐队的演奏。星海说他准备指挥贝多芬的《第五交响曲》，希望梅伯器能予以安排。梅伯器说此事他要与乐队协商以后才能决定，他请冼星海进排练厅去与乐队见见面，排练一下看看。我没有进排练厅，在办公室里听见里面确实是在练习贝多芬的第五交响曲，最后又听见里面在说话，乐队首席富华说计划已经全满了，不能安排了等等。梅伯器与冼星海一同出来后，也推说乐队队员有意见，以后再说吧。为此，冼星海回到家时还气鼓鼓的。

乐队首席富华正是星海就读国立音乐院时的老师，他的反对意见与当年的学潮事件有一定的关联。

1935 年 10 月，星海开始筹备在上海举办一场个人音乐会。

在岭南大学附中求学时，星海在怀士堂欣赏贝多芬、巴赫、肖邦等音乐家的作品，常常沉浸其中，"那至善至美的音乐固然值得你们去听，而且是伟大的人类的安慰者"。到巴黎学习音乐，星海经历了常人难以想象的艰辛，他也梦想着成为一个"伟大的人类的安慰者"，一个国际音乐家。

如果说，天赋和后天的学习是音乐家之路的前提和基础，那么具备这些因素之后，星海现在需要做的，就要将自己的音乐创作通过音乐会形式，展示给上海音乐界。

这年冬天，在写给建颐的信中，星海向这位当时在苏州东吴大学教授钢琴的朋友介绍了音乐会作品曲目计划，请其帮助伴奏中文艺术歌曲，同时帮助咨询查哈罗夫（上海国立音乐专科学校钢琴教授）举办一次音乐会所需的费用，并由建颐代请查哈罗夫帮助担任法文音乐作品的伴奏。其中，包括星海在法国巴黎音乐界的成名作《风》和歌曲《游子吟》。

音乐会前半部分拟定为星海的小提琴独奏，演奏巴赫、贝多芬、弗朗克、莫扎特的奏鸣曲，还有他在法国创作的《D小调小提琴奏鸣曲》；后半部分是星海创作的艺术歌曲《山中》《牧歌》《雨天的乡村》《乌夜啼》《杜鹃》，约请上海国立音专的学生郎毓秀演唱。

星海在给建颐的信中还谈到，收到武昌寄来的工作邀请信，请他担任一个85人规模的军乐队总指挥的工作。入职上尉军衔，薪水很好。但星海拒绝了这份工作邀请。虽然信中未阐明拒绝原因，但从星海忙于筹备音乐会的情况看，他应该是更想让自己走在"国际音乐家"的理想之路上。军乐队毕竟风格单一而且有局限，它和一个交响乐队是无法比拟的。而且远在武昌，也不能和当时中国音乐文化之都——素有"东方巴黎"之称的上海相比。

上海的音乐环境虽好，但却"吝啬"于对一位贫穷的音乐家展开怀抱。星海带着在巴黎创作的《风》，亲自去拜见俄籍钢琴家查哈罗夫，这位在上海音专担任钢琴教授的钢琴家，拒绝帮助星海。不久，星海又带着作品《D小调小提琴奏鸣曲》去上海波西米亚乐队拜见主持人，希望得到助演，也被对方拒绝。

举办一场音乐会，不仅需要场地和经费，更需要乐队和其他演职人员的参与。星海在创作札记中记载，上海工部局后来答应支持他开个人音乐演奏会，这也可能是他和工部局管弦乐队的又一次接触。或许是由于作曲家阿普夏洛穆夫（当时是上海工部局图书馆馆长）的引荐，乐队指挥帕契不便推脱才假意答应。

当时，我和阿沙摩罗夫（今译阿普夏洛穆夫）和一两位
朋友同去，阿氏是交响乐作家，上海最有名的作曲家，亲眼

看见我指挥第八交响乐，他说我指挥得很好，可是Paci（帕契）就拒绝了我，还有Foa（富华）在下面对队员们宣传反对我……因为七年前我曾是反对上海国立音乐院的腐败，第一个激动风潮的人。因此，我便被他们排斥。但阿氏安慰我，他曾邀我去他的办公室，并劝Paci给我表演，Paci这位假名音乐家始终不答应。后来，阿氏又邀我到他家里，请我食晚餐，劝我说："不必灰心，音乐家的生命和事业不是在一次表演上的，你好好努力，两年后，你知道中国的情形更清楚以后，你就可以成为中国第一个作曲家。"这句话至今我不能忘记……

关于这次事件的细节，好友伍伯就回忆，工部局乐队是在排练演奏星海作品的过程中，出现了演奏不认真和对星海的不尊重，让他气愤不已：

> 突然有一天晚上他全身像要炸裂样的咆哮，他愤愤地讲工部局交响乐队没有诚意演他的作品，那个矮个子意籍指挥不愿意忠实地演完他的乐曲，先是那个吹Flute（长笛）的音院俄籍教授，故意吹错，经他不客气地指了出来，后来指挥P（帕契）干脆停下了指挥棒。星海暴跳地说："他居然说出这种燃烧着嫉妒的话来：要给你指挥下去，你会飞了！"

何士德、伍伯就的回忆与星海的创作札记，三人都讲述了星海与工部局乐队的交集，内容却不尽相同。可能是星海与乐队指挥帕契有过不止一次的约见和谈合作，但结果相似，星海受到的轻视和排斥是一样的。

一个几乎全是由外国音乐家(意大利人和白俄罗斯人)组成的管弦乐队，带着以西方音乐为中心的种族偏见，对一个半殖民地的初出

百年巨匠

Century
Masters

冼星海
Xian
Xinghai

1936 年春，冼星海的好友司徒乔（前排左一）在上海寓所欢迎留法友人回国（后排左三为冼星海）

茅庐的中国音乐家，带有明显的排斥和歧视，甚至是嫉妒。这些都让星海的内心充满了不平和愤懑，但他仍然没有放弃开音乐会和演出交响乐的想法，他暗下决心要举行中国音乐家参与的交响乐演出。星海的同学、朋友们都尽力帮助他扩大知名度和筹备、宣传音乐会。

1935 年 11 月，北平《大公报》"艺术周刊"的编辑司徒乔，他是星海在岭南大学的朋友，在《大公报》"艺术周刊"上刊登了星海回国和即将举办个人作品演奏会的消息，标题为"欢迎挟着小提琴归国的游子一行将在沪举行个人作品演奏的冼星海"。

文章简要介绍了星海的学习经历，师承与音乐创作，以及他在法国的艺术成就 —— 被法国国立音乐院作曲班赞为"东方青年作曲家中最有希望的一人"。也讽刺了当时大上海的庸俗音乐环境，"充斥着《毛毛雨》这样的低俗"的市民音乐，未必能"接纳"星海接受过名师训练的音乐技巧（高雅音乐）。

司徒乔借编辑的心声，提出了对星海的希望："编一曲通向救亡之路的够得上成为四万万人的心声的交响大乐，才真不负回国此行。"

1935 年 7 月，星海已经开始创作第一"民族解放"交响曲。可以想见，星海可能对司徒乔讲述过，自己在写一部以救亡为题材的大型作品。

1936 年初，在张曙介绍下，星海认识了上海国立音专的学生向隅、唐荣枚。大家一见如故，也结下了深厚的友谊。初见星海，唐荣枚对他印象深刻，"才华横溢、热情爽朗的艺术气质和急图报国的赤子之心溢于言表"。后来，三人先后到延安鲁迅艺术学院音乐系执教。

不久，星海为举办个人音乐会而筹组了一个小型管弦乐队，向隅、唐荣枚等音专校友尽力给予了支持和帮助。他们不仅义务抄谱，还进行了两次紧张的排练。与此同时，星海也在想办法和上海工部局管弦乐队取得联系以获得助演。

星海在《我学习音乐的经过》中再次记叙了有关情景，上海工部局指挥帕契先是"答应给我开个音乐会演奏我的作品"。但是，"筹备得差不多的时候，工部局及乐队的领袖都不答应，结果开不成了。他们是不愿意弱小民族有出头的一天的，何况他们一向都是演奏最高尚的音乐呢"。

百年巨匠

Century
Masters
Xian
Xinghai

冼星海

据唐荣枚回忆，"音乐会经纪人让星海预付酬金自负盈亏"。刚到上海还没有固定工作的星海，维持自己和妈妈的温饱还都不易，自然也拿不出一大笔垫付的酬金。音乐会得不到乐队和资金的支持，最终被迫取消。

几经努力和奔波，也没有得到资金和赞助，甚至受到一些外国音乐家的嘲笑和轻视。一个音乐家怀揣音乐舞台的梦想，就这样却被无情的现实粉碎了。星海的音乐会梦想就此搁浅。

但指挥交响乐却成了星海屡受打击后挥之不去的信念。他在心中暗下誓言，一定要打破上海工部局乐队在管弦乐领域"一统天下"的局面，组织中国人自己的乐队演出交响乐。

1936 年夏秋之间，星海约请了上海的中国演奏家筹组上海临时管弦乐队，他亲自指挥这个乐队举办了多次交响乐音乐会。在当时的条件下，没有强大的财力支持，能够组织近 40 人的乐队演出是非常不容易的。星海在强烈的爱国情怀和民族自尊心支持下，克服了很多困难，完成了音乐会演出。

音乐活动受挫和求职的失败，使星海开始反思自己的音乐理想。在给张曙的信中，星海告诉他自己回国后的想法与现实之间的冲突，也检讨了自己为"艺术人生"的不切实际，表示"不能再沿着法国的老路走下去"。

这一期间，星海去过南京，准备应聘中央电影厂音响组组长的职位。当时，中国左翼文艺运动的领导者之一田汉正被国民党政府软禁在南京。在田汉的劝说下，星海打消了应聘音响组长的念头。和左翼进步文艺家的接触，为星海的音乐理想与实践打开了另一扇门。

为人生而艺术

早在 1929 年，在上海国立音乐院就读时，星海就在院刊上发表了《普遍的音乐》，认为在中国难以产生像贝多芬式的伟大作曲家，必须要提倡普遍的音乐（普及音乐），才能振兴中国音乐。

> 学音乐的人，没有一个不抱大志向的，在他们的理想里充满着圣乐及天才的印象，个个想望都是将来中国的贝多芬、舒伯特、瓦格纳这样的人物，可是事实上能做到吗？……中国的现在实难产生像贝多芬的大天才，既然缺乏天才，不如多想方法务使中国有天才产生之可能。学音乐的人，不要学得了便知足，还要广播全国，感染全国，使人人能歌、能舞、能奏，全国能够如是，岂不是一件光荣的事吗？若不先提倡普遍音乐，恐怕再过几十年还是依然的中国，音乐不振的中国啊……中国所需求的是普遍的音乐。

为了坚持音乐理想而历经了生活的磨难，星海当然也是"有大志向"的。他也意识到，必须提高薄弱的群众音乐文化基础，才能改变当时中国音乐文化发展落后的现实。只是在当时，他对于如何普及群众音乐文化还没有明确的主张。

留法回国后，星海一度希望开音乐会，与交响乐队合作演出，并设想和尝试创作当时还不具备广泛群众基础的交响音乐。然而，对星海而言，却饱受音乐环境的压抑与客观条件的限制。

抗战时期和左翼进步文艺工作者的影响下，星海的音乐梦想也从

"不切实际"的"为艺术而艺术",转向了与时代密切结合的"为人生而艺术",投入到抗日救亡歌咏运动中,也找到了"中国的普遍的音乐"。

　　自幼穷困的生活和长期以来艰辛求学的经历,使得星海对劳动人民和普通群众有着天然的同情,这也为他在音乐创作上倾向于普及群众音乐,为民族独立而歌,奠定了必要的基础。

救亡歌咏运动的兴起

在中国共产党领导下，1930年在上海成立中国左翼作家联盟（简称左联），开创了无产阶级革命文学。继左联之后，先后又成立了中国左翼戏剧家联盟等8个左翼文化组织。以左联为首的革命文化战线建立后，积极探讨文艺大众化、社会主义现实主义等，热情地介绍马克思列宁主义的文艺理论和苏联革命文艺的成就，包括介绍和引进苏联社会主义革命音乐，并开始提出发展革命音乐等问题。为左翼音乐运动的建立和发展奠定了基础。

"九一八"事变后，随着群众性救亡运动的开展，革命音乐运动开始发展起来。1933年春，田汉、安娥、任光、聂耳、张曙等在上海成立了名为"苏联之友社"的音乐小组（又名中苏音乐学会或中国新兴音乐研究会）等组织。1934年前后，萧声、聂耳、任光、张曙、吕骥、安娥、王芝泉等人在上海左翼剧联内成立了一个音乐小组。

左翼音乐工作者以任光、聂耳、吕骥为主，积极探索了具有强烈战斗性和深刻现实性意义的革命群众歌曲。通过《渔光曲》《桃李劫》《大路》《新女性》《风云儿女》等进步电影的放映，以及《放下你的鞭子》《扬子江暴风雨》《回春之曲》等活报剧、舞台剧的演出，新创作的群众歌曲和抒情歌曲受到了普遍的欢迎，产生了极其广泛的群众影响。

为进一步推动群众性爱国运动的发展，吕骥等人于1935年开始组织业余合唱团，并与当时由爱国群众自发组织起来的民众歌咏会联合开展救亡歌咏活动。1936 年，吕骥、麦新、冼星海、贺绿汀等人组织了歌曲研究会，培养词曲作者，推进了救亡歌曲的创作与影响。

这些歌咏组织在群众中传播了许多优秀的爱国歌曲，培养了许多群众音乐骨干，广泛地团结了上海各阶层中的进步群众，掀起了有组织有领导的救亡歌咏运动。"一二·九"运动后，救亡歌咏活动在全国各大、中城市中蓬勃发展，歌咏组织广泛建立，抗战歌声传遍全国。

1937 年全面抗战爆发后，许多歌咏队奔赴抗日前线和内地，宣传抗日和战地服务。星海也随着抗战文化组织和歌咏团体奔赴武汉，参与和发动有数十万人参加的群众歌咏运动，把抗日救亡歌咏运动推向高潮。

武汉沦陷后，歌咏运动的中心转移到了延安和敌后抗日根据地，继续发展。抗日救亡歌咏运动鼓舞和动员了上亿人民投入抗日救国的爱国斗争，同时促进了中国革命歌曲的创作和群众歌咏活动的发展和普及。

星海到上海后，逐渐成为群众救亡歌咏运动的重要参与者，不断创作救亡歌曲，指导和教唱救亡歌曲，培养救亡歌咏运动骨干，他的音乐创作也紧密地融入了救亡歌咏运动的浪潮中。

救亡歌咏新声

1935 年 9 月，在从香港搭乘轮船到上海的旅途中，穿着普通，手拿一把小提琴的星海引起了俯拾的注意，同为广东人的两人很快就用家乡话亲切地交谈起来。星海未来的艺术道路，似乎也在冥冥之中从这相识中有了预兆。

在与俯拾的交谈中，星海谈到了对音乐和时局的看法，认为"聂耳的音乐创作道路是对的"。此后，两人在上海继续交往，并有了音乐创作上的合作。星海与进步音乐家吕骥的结识，以及开展抗日救亡歌咏运动，也都与俯拾有着一定的联系。

俯拾回忆，当时自己已经是左联成员，并且参加了上海地下党组织领导的学生运动。在充分了解星海的艰辛和求学经历，对劳动人民的感情，以及强烈的爱国情怀后，俯拾预感到星海不仅具备走上革命道路的思想基础，更会是"聂耳的接班人"，是中国音乐界的一名"新的领头人"。

到上海后，俯拾继续与星海交往，不仅写词与他合作歌曲，也积极鼓动星海参加救亡歌咏活动，"由于他是音乐家，我（俯拾）把他介绍给左翼剧联的音乐组领导吕骥同志安排工作教作曲"。

中国左翼作家联盟成立后，左翼戏剧家联盟及电影、音乐小组、苏联之友社音乐小组等也相继成立，探索和开创无产阶级文艺形式。田汉、聂耳、任光、张曙、吕骥等人都是这些组织中的文艺骨干。他们的影响对于星海音乐思想的变化与发展，无疑是非常重要的。还在

百年巨匠
Century
Masters
冼星海
Xian
Xinghai

冼星海与田汉[1]

岭南大学的时候，星海就与南国社的田汉、张曙等人熟识，并且参加了南国社具有进步文艺倾向的戏剧运动，负责相关音乐内容。

1935 年，以聂耳为主，对革命群众歌曲创作已经取得了初步的成就，通过左翼电影、戏剧的播放及演出，许多群众歌曲和抒情歌曲产生了极其广泛的影响，也给予"当时泛滥成灾的商业性庸俗歌舞音乐有力的抵制"。

星海虽然没见过聂耳，但聂耳的抗战歌曲给星海留下了深刻的印象。星海

---

[1] 1927年，田汉创立和领导南国社的创作和演出，逐渐产生进步的社会影响。 1929年冬，田汉开始积极参加政治活动。1930年3月，他以发起人之一的身份参加了中国左翼作家联盟成立大会。田汉发表了著名的《我们的自己批判》，公开宣告向无产阶级转向。左翼剧团联盟改组为左翼戏剧家联盟，田汉是发起、组织者之一。1932年他参加中国共产党，从此参与了抗战文艺的领导工作，先后担任过剧联的党团书记和中共上海中央局文化工作委员会委员。他创作了大量话剧作品；同时为艺华、联华等影片公司写了《风云儿女》等一批进步电影文学剧本。他与聂耳、冼星海合作电影歌曲《义勇军进行曲》《战歌》等，成为救亡歌曲的开端。

曾写文章表达了对聂耳歌曲的推崇，直接表达了自己对聂耳创作的充分肯定，认为聂耳的创作是中国的新音乐，是对民间音乐的继承与发展，作品充满了强烈的革命精神。

到上海不久，上海左翼音乐运动负责人张曙，开始热情邀请星海加入进步的文艺活动和救亡歌咏活动。在张曙努力下，南国社专门为星海在左翼报刊上开辟了一个专刊，介绍他的求学经历和音乐创作。

在张曙、田汉、沙梅等人的帮助和引领下，星海开始加入上海文艺界的各种进步文化活动，逐渐融入抗日救亡歌咏活动中，也有了展现他艺术才华的新天地。

1935年秋，张曙约请星海一起去南京会见田汉。田汉对苏联群众歌曲和电影音乐较为推崇，他们一起观摩苏联电影《夏伯阳》《四姐妹》。在和星海等人交流电影及其音乐时，田汉倡导文艺界发扬"闻胜不骄，闻败不馁"的民族精神，"一洗今日的靡靡之音"，鼓

冼星海（穿背心者）与田汉、张曙等人交流音乐、戏剧

动爱国同胞"展开惨烈雄大的民族抗争""学习俄国人这苍劲郁凉的调子"。

星海观摩了苏联电影，对田汉的艺术主张也深表赞同。他们还在一起听歌女的演唱，星海记录下歌女们演唱歌曲的曲调和情绪，他说，"我想把我的音乐创作能够充满着各种被压迫的同胞的呼声，这样我才能把音乐为被压迫的祖国服务"。

不久星海就与田汉合作，从左翼进步电影音乐开启了救亡歌曲和群众歌曲创作，逐渐有了音乐家的名气。

1935 年 11 月，星海与田汉合作，为左翼进步电影《时势英雄》创作了二部合唱曲《运动会歌》，这是星海最早的一首群众歌曲。歌词中开始蕴含救亡的决心，"把欺我们的赶出去，把爱我们的团结起""做新时代的英雄，争取中国的自由独立"。

转年，星海与田汉又合作了第二首歌曲《救国进行曲》，明确地表达救亡的心声。作为星海救亡歌曲的开端，它们的旋律还带有"或多或少的洋味儿"。

星海自己在创作札记中也提到，最初的歌曲创作"不怎样为社会所了解"。但是他努力利用民族形式开创中国作风，不断地写，陆续创作出有中国民族风格的救亡歌曲和其他歌曲。

"一二·九"运动爆发后，当时参加上海大中学生示威游行的俯拾，有感而发地写出了《战歌》的歌词，然后把它交给了星海谱曲。

星海反复地审视歌词，构思、推敲，很快拿起笔在五线谱上写出了二部合唱两个声部的乐谱。听着星海哼唱旋律，曲调就激动人心。

由此，《战歌》成为星海的成名作。

不久，星海结识了留法音乐家，也是左翼音乐家的早期代表任

百年匠
Century
Masters
冼星海
Xian
Xinghai

光。任光当时担任百代唱片公司音乐部主任，在他的帮助下，由新华艺专的学生排练这首歌，星海亲自指挥，百代公司将《战歌》以及星海的其他几首歌曲一起配器录音，灌制唱片。

"唱片出版后，再听，不仅旋律激昂雄壮，而且和声交融，浑厚、感情更加丰富。"

上海大场山海工学团旧址

《战歌》创作出来后，在《前奏》诗刊发表，很快被全国各地的音乐刊物和歌曲集子转载，在群众游行示威的队伍中也唱起来。不到两个月，唱片就打破了百代公司的销售记录，《战歌》成为星海早期流传最广的歌曲之一。

《战歌》的风靡给予星海从事救亡歌咏活动的极大信心。此后，星海亲自到许多歌咏团体去教唱、指挥这首歌曲，开始参与和推动救亡歌咏活动。

星海较早接触的一个社会团体，是陶行知创立于1932年10月的上海大场山海工学团。这是一所穷苦儿童学校，推行半工半读的普及教育。聂耳去世后，陶行知约请星海每周定期赴大场山海工学团主持"音乐讲座"。这是星海受约讲授音乐知识和教唱歌曲的一个重要开端，《战歌》也是较早开始在这里教唱出去的。

1935年秋，山海办起艺友班，主要培训小老师。冼星海担任艺友班指导员后，常从市区步行来上课。因为住得远，为了授课方便，他曾在农民的柴屋里长住了3个多月。星海常站在屋后竹林旁的小河边拉小提琴，"冬天，手和脸上满是冻疮，但琴声天天按时响起"。至1937年星海离开上海期间，星海经常到山海工学团教歌和辅导音乐活动。

俯拾与星海曾一起到工学团教唱《战歌》：

> 记得有一次，他约我到大场上海工学团去看看……我们到后，教师和学生都集合起来，要星海教唱《战歌》，星海非常高兴，一口答应。我没有想到，星海教唱前把我介绍给大家，一下子把我弄得不知所措。……当我心里一上一下的时候，星海有力的臂膀挥动起来了。这是我第一次亲眼看到星海指挥。当然，那次指挥，不会给他多少发挥指挥艺术的机会，因为，那是一群小学生唱，只唱第一声部，也没有乐队伴奏。可是，星海无论在什么场合做什么工作，都是很认真的。他不仅教唱，而且认真倾听《战歌》对于群众的反响。

山海工学团的学生沈增善，记得初次跟星海学习歌曲的情形：

> 他，中等身材，黑黝黝的长方面孔，双目炯炯有神，穿着一件半长的黄色短大衣，围了一条深灰的围巾。他一面走着，一面不断地向大家打着招呼："农友们，农友们好！小朋友好！小朋友们好！"接着说，"你们喜欢唱歌吗？今后我来教你们唱歌"。从我出生以来，听到的只有叹息、哭泣、呻吟和哀号，我和我的伙伴都不懂啥叫唱歌，但听了星海同志的歌声，我们感到了力量和希望。

从教唱救亡歌曲活动中，可以看到，星海性格真诚，工作热情认真，乐于亲近劳苦人民。他也在这些工作中，踏实地实践着"普及音乐文化，开展救亡歌咏运动"的音乐思想。

　　星海创作了一些抒情风格的歌曲。1935 年 12 月，星海为影片《王先生到农村去》创作了插曲《搬夫曲》，创作了女生独唱曲《催眠曲》。

　　星海与赛克首次合作了齐唱歌曲《流民三千万》，号召东北同胞"洗清我中华民族的耻辱，收复东北失地"。

作曲家冼星海

通过田汉的介绍，星海与左翼剧联音乐小组成员、上海英商百代唱片公司音乐部主任任光相识。1936 年 1 月，《战歌》唱片的销售打破了百代唱片公司的销售记录，星海也在任光的推荐下，被百代公司音乐部聘任，担任作曲、指挥和伴奏工作。

星海搬到了上海法租界福履路（今建国西路）福利坊一号一楼一底。虽然当时已是较有名的音乐家，但星海这个住所仍然很简朴。

只有十一二平方米。靠窗口放着一张办公桌，桌上放着一盏绿色台灯和一些书报。办公桌的后边是一只单人床，床的顶头是一只小方台，上面搁着一只旧皮箱，皮箱上面摆着几根笛子。办公桌的右墙头挂着两只小提琴，床底下放着两双旧皮鞋，一双绒布拖鞋；床的另一头挂着一件雨衣。

百代公司 8 个月的工作，星海的生活变得稳定并有了较大改善。他很快就购置了一架钢琴，过去创作音乐作品，只能借助小提琴练习和试音，现在使用钢琴创作更加便捷有效。

百代公司的录音工作，也创造了有利的工作条件，星海为左翼电影创作了一批电影歌曲，自己亲自指挥录音和灌制唱片。

为纪念"五卅"惨案十一周年，左翼音乐工作者计划创作一首纪念歌曲《五卅第十一周年纪念歌》，歌曲原本交由吕骥创作。因为忙于组织救亡歌咏运动等工作，吕骥就把这首歌的写作任务交给了星海。

在救亡歌咏运动的形成、发展过程中，吕骥是重要开拓者、组织者。他的群众救亡歌咏理论和实践活动有力地推动了上海等地区乃至整个中国救亡歌咏运动的发展。1935～1936年间，吕骥先后组织成立业余合唱团、歌曲研究会、歌曲作者联谊会等，培养歌咏干部，推动群众歌曲创作，开展歌咏运动。随着抗日救亡形势的日趋紧迫，以及救亡歌咏运动的不断发展，吕骥及时总结了革命音乐创作和救亡歌咏活动实践经验，先后提出"国防音乐""新音乐"等口号，将左翼革命音乐运动扩展为更广泛的国防音乐、新音乐运动，不仅阐明了组成音乐界抗日民族统一战线和更广泛、深入发动抗日救亡歌咏运动的意义，还从理论上总结"新音乐运动"经验，为救亡歌咏运动提供了重要理论指导，对中国新音乐运动的发展影响深远。

星海积极地参与到吕骥等人组织和推动的群众救亡歌咏运动中。他热情地到进步音乐社团和歌咏组织去讲授作曲和指挥课程、培养救亡歌咏骨干。以吕骥所组织的几个歌曲创作组织和合唱团体为核心，星海在全面推进救亡歌咏运动中也发挥了重要影响。

救亡歌咏运动的发展，面临着缺少歌曲、作者和歌曲指挥等现实问题。为更有力地推动发展中的救亡歌咏运动，星海积极地参加吕骥组织的词曲作者联谊会、业余合唱团、歌曲研究会，以及"民众而永辉、新生歌咏团、立信音乐研究会"等歌咏活动组织，讲授作曲和指挥课程，培养音乐创作干部和歌咏活动骨干。这些活动也让星海发挥了更大的作用和影响。

1936年，在中国共产党抗日民族统一战线号召下，左联、剧联等相继解散，开始以公开合法的方式组织群众文艺团体，以推广救亡运动。

1936年元旦，吕骥与孙师毅邀集上海各方面的诗人、作家及歌

百年巨匠
冼星海
Century
Masters
Xian
Xinghai

曲作者成立了词曲作者联谊会(亦称歌曲作者协会)，这是一个集专业音乐家、非左翼人士、革命音乐家等共同组成的统一战线性质的组织。虽然这个协会本身的活动不多，主要是讨论音乐创作和推动新歌曲作品。但它的政治影响和社会意义重大，它第一次把在艺术上、政治上有不同观点的音乐工作者团结在抗日救亡统一战线中，对于音乐界形成广泛的统一战线，推动救亡歌咏创作乃至救亡运动有着重要意义。

冼星海积极加入歌曲作者协会，"带头拿出自己的新作品与大家切磋"。他在法租界的房子也成为歌曲作者协会定期聚会讨论创作的场所。

在参加业余合唱团的排练中，星海认识了合唱团的骨干孟波、麦新、孙慎等人。孟波描述初见星海的样子，"北方人的身材，穿着深咖啡色的旧西装，脸上有饱经风霜的皱纹，朴实的语言和动作，不像是留洋回来的，倒显得有点土气"。大家对他最初的印象，"沉默寡言、埋头实干"，待相处一段时间之后，才真正了解到他是一位"热情坦率，没有架子，非常平易近人"的音乐家。

1936 年 3 月，吕骥从业余合唱团中挑选出麦新、孙慎、孟波等十几名成员成立了歌曲研究会，以"培养年轻的词曲作者，创作群众所需要的歌曲"。歌曲研究会每周一次聚会，有计划地研究词曲创作问题。

冼星海被邀请来讲授歌曲创作经验，义务辅导作曲、指挥。孟波和麦新经常出入星海家里，除了参加在他家里举行的歌曲作者协会的会议，更多的是向他学习作曲、指挥，向他索取编辑出版《大众歌声》的曲谱，请他为立信音乐训练班教课，星海对这些工作总是"来者不拒，有求必应"。

孙慎回忆，星海在讲解歌曲创作时，总是"通过具体作品来分析创作"，"讲解很生动，对大家的启发很大"。有时星海也和大家一起来讨论创作歌曲。星海也经常教大家如何指挥歌曲合唱，让大家充分练习和模拟歌曲指挥，他再做示范。

当时，除了贺绿汀、吕骥等少数在上海音专学习过音乐创作的学生，很多投身抗日救亡群众歌咏运动的青年人只能利用业余时间学习音乐。

孙慎曾回忆当时跟星海学习指挥的场景：

> 我同麦新兄一起，做了他的学生，跟他学指挥。时常在晚上约定的时间跑到他家里去。白天我们都因为职业，是没有空的。
>
> 就在放钢琴的客室里，我们面前放着一个谱架，手里拿着指挥棒，当着他和别人的面，我们就两手挥动起来，仿佛前面正有一个庞大的合唱队受着我们的指挥。这种一本正经的样子，现在回想起来，还是要哑然失笑的。他从不在中间打断我们的情绪，遇有姿势不佳或错误，他总在指挥终了时，扼要地说几点，有时他自己指挥给我们看。

星海在歌曲研究会培养了几位歌咏创作骨干。"美商保险公司的小职员麦新创作了《大刀进行曲》，国货公司会计孙慎创作了《牺牲已到最后关头》，读书出版社编辑部周巍峙创作了《上起刺刀来》"。研究会成员深入群众，既写歌又教歌，极大地推动了救亡歌曲的创作和救亡歌咏运动的开展。在他们的影响和带动下，这一时期救亡歌曲创作达到一个高峰。

星海的许多新的救亡歌曲创作，如《救亡进行曲》《救国军歌》等，也是通过歌曲研究会和业余合唱团推广、传播出去的。

百年匠
Century
Masters
冼星海
Xian
Xinghai

在吕骥、冼星海、孙慎、孟波、麦新及其他歌咏组织者的共同努力下，一时间，用歌声传达抗战心声、激励民众、凝聚民心，成为最具时代特色的艺术形式。各类救亡歌咏团体在短时间内不断涌现，仅上海一地，短时间内先后成立了上百个歌咏团体。

到1936年西安事变之后，几乎全国各大、中学校，甚至在国民党的某些政府机关、军队，以及国外爱国侨胞中，也雨后春笋般地涌现出各种类型的歌咏组织，救亡歌声迅速传遍全国各地。

《救国军歌》是星海创作的一首著名救亡歌曲，歌曲产生在救亡宣传的游行过程中。当时，上海各校团结御辱抗日救国的学生联合组织了"扩大宣传团"，在游行的过程中宣传抗日。

由于学生的爱国游行活动遭到了当局的镇压，诗人塞克即时写了一首歌词，表达了在抗日战争一触即发的时刻，中国民众团结抗战的急迫心愿。

游行队伍走到星海的住所门口，塞克拿着这首歌词交给星海谱曲，告诉他马上游行队伍就要唱。星海在"五六分钟内写成"。

枪口对外，齐步向前！不伤老百姓，不打自己人，我们是铁的队伍，我们是铁的民主，维护中华民族，永做自由人。

星海把歌词谱成了坚强果敢、威武雄壮的进行曲，节奏铿锵有力、旋律流畅，气势坚定，易于学唱。

这首歌产生在抗日战争一触即发的时刻，随即成为当时最为流行的救亡进行曲。《救国军歌》由周巍峙指挥新生歌咏队在上海率先唱出，即被吴永刚选入国防影片《壮志凌云》片头音乐，在当年12月31日在上海金城大戏院放映，成为与影片中的《义勇军进行曲》一起唱遍全国的抗战救亡歌曲。

1940年，李抱忱把这首歌选入英文版《中国抗战歌曲集》。提到这首歌曲的创作和影响，星海在《创作札记》中的描述："救亡歌曲中最流行的是《救国军歌》，现在全国都在唱，尤其在酝酿着抗战空气的时光唱出。"

在忙于创作救亡歌曲和开展救亡歌咏活动过程中，星海也创作了一些抒情歌曲和艺术歌曲。有些歌曲是根据电影和戏剧表现内容的客观需要而作，也有一些是星海在倾吐内心深处的情感，它们是对其群众歌曲风格的突破。

1936年初，星海仿照欧洲艺术歌曲模式创作了两首独唱曲，《老马》《断章》，星海称之"艺术抒情曲"，并将它们题赠给友人。

歌曲具有浓郁的法国印象主义音乐风格，明显不同于进行曲风格的抗战歌曲，"演唱水平差一些的歌咏团很难把它唱出来"。歌曲《老马》主旨是"借老马的被压迫意示上海劳苦大众的生活，"但音乐采用了"新和声、新的（调式组织）形式"，星海把它赠给歌唱家盛家伦以示纪念。《断章》的主题是借"看风景人"之口，对"明月"表达慷慨之情，赠给友人盛建颐。星海说它是"用多音制度含有民族形式的作风"。

《莫提起》和二部合唱《茫茫的西伯利亚》是星海应中国舞台协会之约而作的两首抒情风格的歌曲，均由田汉作词。1936年4月，中国舞台协会在南京世界大戏院公演田汉改编的话剧《复活》（根据托尔斯泰同名小说改编），作为话剧中的插曲。这两部作品暗喻当时的被日本侵占的东北。

歌曲由张曙独唱和领唱，新安旅行团伴唱。当唱起《莫提起》时，张曙将原歌词中的"莫提起一八七五年的事"即兴改为"莫提起一九三一年'九一八'，那会使铁人泪下"，歌曲演唱"效果特别好"。演出时，尽管租界巡捕阻碍演唱者唱出完整歌词，但观众被这

《断章》手稿

两首歌曲感动，在台下"叫了起来"以示抗议。公演后，作为救亡歌曲传遍全国。

1936 年 7 月，由于《战歌》《救国进行曲》等歌曲的广受欢迎，唱片复灌投放市场，引起日方的干涉，唱片与底片被毁。百代公司迫于日本侵略者的压力不敢再出版救亡歌曲。责令音乐部主任任光停职两月，星海也只能做一些配音和"生意眼"的工作，待遇也不公平。这样的工作占用了星海的很多时间，也妨碍了他的音乐创作与发展。

这一时期，星海感受到"民族危机的加深"，而且他已经开始着手进行大型交响音乐《民族交响乐》的创作，这需要很多时间。星海觉得工作不舒心，时间也不自由，于是向公司辞职。

离开百代公司后，星海的生活再次陷入窘境。靠着朋友推荐写一些电影歌曲，还能够维持生活，好的时候一首歌曲"一百元"，但不是很稳定。即便这样，除了生活开销，星海还时常帮助朋友。

虽然失业，星海"并不寂寞"，反而忙碌和充实，他参加救亡歌咏运动，去各个歌咏队教唱，为歌曲研究会、业余合唱团培养音乐干部，义务教授作曲、指挥。

两个月后，颇有发展势头的新华影片公司找到星海，邀请他去音乐部工作。新华影片公司是中国早期的私营电影企业,创办于1934年,因为投资拍摄《红羊豪侠传》等三部影片,获得了可观的效益,开始扩大规模和发展,也是当时摄制国防题材电影的一个基地。

田汉当时是新华影片公司的特约编辑,左翼电影小组也希望星海能够转进入电影界,通过电影音乐扩大进步思想的影响。

星海进入新华影片公司音乐部主任。有了便利的工作条件,星海在这一时期集中为左翼电影录音、创作音乐,进一步扩大了他的社会影响。

当时,左翼电影已经有较大的影响力,随着电影播映也推出了一批反映劳苦人民生活和救亡题材的群众歌曲。任光为同名电影创作的《渔光曲》,聂耳为电影《风云儿女》创作的《义勇军进行曲》等,都是具有开拓性影响的电影歌曲。特别是聂耳的音乐创作,大部分都是电影歌曲,也可以说是通过左翼电影音乐开创的群众歌曲与救亡歌曲。1935年聂耳去世,对左翼电影音乐而言是一个"巨大的损失"。

星海进入新华影片公司后,担任配乐和作曲的第一部电影就是《壮志凌云》,这是一部反映民族矛盾斗争的救亡电影。这部电影和影片音乐的成功让星海声名显赫,也让他成为继聂耳之后的左翼电影音乐的接班人。

《壮志凌云》成为中国电影史上的重要篇章,影片插曲更是有一段"特别的创作历程",它使星海的音乐艺术有了新的成长,艺术积淀也越加丰厚。影片描绘了军阀混战时期,黄河流域农民深受战乱与自然灾害的重重打击,颠沛流离,远赴关外艰难生活。然而就在他们几经努力建好新的家园,孩子们也都要成家立业的时候,"九一八"战争爆发了。面对日本侵略者,饱经沧桑、备受欺凌的劳苦人民奋起抵抗,投入到抗日救亡战争中。

百年巨匠
Century
Masters
冼星海
Xian
Xinghai

为反映黄河地区的农民生活，星海试作了电影插曲《拉犁歌》。长期生活在江南水乡，星海对黄河水域的农村生活没有直观感受，虽然有一些北方劳动号子作参考，但《拉犁歌》修改了几次，导演吴永刚都觉得不够契合华北地区的农民生活气质。认为星海的歌曲"纤细"的"水乡情调太重"，缺乏"大陆气氛"。在导演提议下，星海决定与影片摄制组去郑州黄河外景地"体验生活"，扩大生活经历，为今后的创作积累经验。

当时的影片公司老板对电影音乐的认识比较简单，认为只是"不可缺少，但不重要"，而且也没有音乐工作者随同外景地体验生活的先例。所以，当导演提出这个建议时，影片公司老板虽没有拒绝，但明显因为多一个人的开销而心存不悦。但事实证明，这是一次成功的开始。

星海跟随摄制组到了河南一带，深入到开封、郑州等灾难深重的"黄泛区"。在同摄制组工作的一个多月里，星海融入了华北地区的村镇生活，导演吴永刚给予他创作上的充分支持，使他前所未有地体验到了生活和音乐活动的自由。

以郑州为据点的外景摄影队工作了一个多月，在这个期间里，星海同志得到了一切便利，他可以支取费用，不受任何拘束地去寻找他在创作上需要的东西。所以，我忙我的摄制工作，他以孩子似的兴奋心情，忙着去赶集府庙会，哪里有席棚子里的民间艺人在演唱，哪里就有他的行踪，最使他兴奋的是黄河沿岸渡口上去听船夫们的呼号，站在大堤上去欣赏那汹涌的奔流。我们每天晚上会面的时候，我从他平常比较严肃但并不是故作矜持的表情里，看到他对于生活与工作的热情，我相信，这热情使他很感幸福，同时这热情在他心里在泛滥，将要化为像黄河一样地汹涌的奔流。

从华北回来后，星海创作了新的《拉犁歌》，作品充满了"大陆泥土气息"浑厚雄伟。这次类似艺术实践的采风活动，使星海对北方农村的风土人情和黄河流域的自然景观有了非常直接的观察和体验，积累了创作素材，也为他的音乐创作开启了新的灵感。

这次艺术实践也为星海后来创作《黄河大合唱》奠定了必要的基础，《黄河》的"黄河船夫曲""黄河颂"等乐章中，蕴含着不屈、坚韧、宽广、奔涌，这些音乐主题和中华民族的性格，早已经融入星海切身的感受中。

《 夜半歌声 》

百年巨匠
冼星海
Century
Masters
Xian
Xinghai

　　1936 年冬，星海为电影《夜半歌声》进行配乐作曲工作，结识了左翼戏剧工作者金山，他是电影中男主角宋丹萍的扮演者。金山介绍星海参加了上海业余剧人协会和四十年代剧社，其音乐活动又有了新的拓展。

　　1937 年 2 月，星海为电影《夜半歌声》所作的同名歌曲《夜半歌声》《热血》《黄河之恋》，由盛家伦独唱和领唱，上海百代公司灌制唱片，与有声故事片《夜半歌声》在上海金城大戏院同步播映。

　　随着这些电影插曲的风靡全国，星海一跃而成为当时上海的知名人物，"作曲家冼星海"就此成名。

　　《夜半歌声》是中国电影的典范之作，在上海曾轰动一时。电影故事融合了恐怖和歌舞元素，此后数次被搬上银幕。内容梗概如下：话剧演员宋丹萍与地主的女儿李晓霞相爱，遭到晓霞父亲和恶霸汤俊的阻拦。汤俊指使人用镪水烧毁宋丹萍的面容，宋丹萍假托已死。宋丹萍白天躲藏在剧院阁楼里，夜晚引吭高歌，凄婉的歌声盘桓在剧院上空。精神失常的晓霞在歌声中得到慰藉。十年后，另一个剧团在剧院演出，青年演员孙小鸥结识了宋丹萍并得到了他的帮助。不久，汤俊在看戏时侮辱并开枪打死剧团女演员绿蝶，宋丹萍从楼上跳下与之搏斗，汤俊失足摔死，宋丹萍也被烧死。

　　星海为电影谱写的插曲《夜半歌声》充满激情和幻想，以诗意的音乐语言，控诉了封建势力造成的人间悲剧，歌曲旋律起伏跌宕、热情奔放，节奏舒展和缓，形式结构较为复杂。

歌词中有一段排比句："我是那月边的寒星；你是山上的树，我是那树上的枯藤；你是池中的水，我是那水上的浮萍"，星海对诗句的细节处理极富音乐表情，"寒星""树""枯藤""水""浮萍"等音乐语言，对比细腻、准确形象地表达了歌词的内涵和激荡的内心，非常生动地抒发了真挚的情感。

创作电影歌曲时，星海常常与歌曲的主唱者和影片的主演者在家中交流切磋，大家在一起精诚合作，准确演绎歌曲的内涵。星海为影片《夜半歌声》和《潇湘夜雨》写作的主题歌，分别由盛家伦和唐荣枚担任配唱，两人曾在他家里"一同为演绎歌曲的内涵而反复研究，交谈各自的看法"，这时候谁要是到星海家，"一进门就会听到他和盛家伦那饱满激情的歌声"。

冼星海与盛家伦（左）[1]

① 盛家伦，歌唱家，广东中山人。早年就读于汉口文华大学。1932年至上海，参加左翼歌咏活动。1937年，与星海的合作，为著名电影《夜半歌声》配唱主题曲而盛名。1938年，任中国电影制片厂作曲，为电影《保卫我们的土地》《塞上风云》谱写主题歌。冼星海与盛家伦曾一同担任上海大同大学歌咏队义务指挥。后来也多次合作。俩人是同乡，也是密友，从上海到武汉，及至延安，一直相伴来往。

百年巨匠
Century
Masters
冼星海
Xian
Xinghai

星海才思敏捷、创作速度很快，但他也会仔细斟酌和修改作品。唐荣枚在回忆中写道：

> 星海是一位乐思敏捷的作曲家，他的创作大都伏案一气呵成。但又不忙拿出，还要找友人来一道哼唱，切磋推敲。他为新华影片公司《潇湘夜雨》一片配乐，让我演唱电影的主题歌，由向隅钢琴伴奏。全部音乐完成以后，星海把我们找到他家，反复修改。他亲自审听，仍是一字一句认认真真，一再对主演的口型、表情提出意见，不肯放过。

在新华电影公司音乐部时期，星海创作了许多抒情风格的歌曲。《拉犁歌》《搬夫曲》《夜半歌声》《热血》《黄河之恋》《江南三月》。

创作这些歌曲时，"已经是救国运动受到阻碍的时候，所以多是弯弯曲曲地说出心里话，我作曲也只能寄怒于悲鸣"。这种曲折委婉的表达，反而成就了星海抒情歌曲的独特风格和艺术魅力。

当然，对一个音乐家而言，仅仅创作进行曲风格的救亡歌曲，创作体裁和风格不免太过单一。"弯弯曲曲"地说话，丰富了歌曲的创作风格，也是抗战的政治背景所迫。

当时的南京政府审查机关在审查歌词的时候，有反抗和嘲讽意味的都要删去。《拉犁歌》中"水旱成灾三千里，县官催租如火急"这样的词句居然也会受到责难。星海的抒情歌曲，以"迂回曲折的方式"鼓动群众抗战，在当时的各种文艺中，类似的"隐晦"做法也很常见，同样能够激发同仇敌忾的爱国热情。

星海的抒情歌曲多是为电影和舞台剧的插曲，这些歌曲鲜明地显露出他在艺术创造方面的才能，真切地表达了他对人民的热爱和对革命斗争的关切，以及对时代生活的深刻感受。与星海同时期的救亡歌曲比较，这些歌曲形式结构较复杂，旋律悠长宽广、热情奔放，节奏更为舒展和缓。已故中国近现代音乐史学泰斗汪毓和老师评价，"冼星海在这些创作中以富于起伏的旋律进行与充满深情、气息宽广的音调相结合，形成了他自己独特的抒情风格"。

为大众谱写新声

百年巨匠
Century
Masters
冼星海
Xian
Xinghai

据唐荣枚回忆，星海在上海时，经常在自己家里开展文艺沙龙活动，与文艺界的朋友交流艺术创作。

> 星海是一个待人坦率的人。在我认识他那将近两年的日子里，我常常看见星海的客厅高朋满座，金山、舒秀文、赛克、司徒乔、沙梅都是他家常客，还有一些我不认识叫不出名的人。他们各抒己见、侃侃而谈，有时也争执得很激烈，总是无拘无束，彼此从不介意。

星海"比较接近"的戏剧界、电影界、音乐界的名人，就有当时活跃在上海的"田汉、洪琛、阳翰笙、光未然、孙师毅、夏衍、陈白尘、吕骥、张曙、任光、沙梅、何士德、麦新、孟波、盛家伦、金山"等人。这些人大部分是左翼文艺战线的骨干，星海与他们交往日趋频繁。

1937 年 1 月，为纪念普希金逝世一百周年，中国共产党外围组织中苏文化协会上海分会，举办了一个盛大的"俄国大诗人普式庚逝世百周年纪念大会"，由中苏艺术家分别演出文艺节目。为了让更多的上海各界人士认识星海，沙梅在演出前几天，特意安排星海指挥合唱曲《赞颂诗人普式庚》（原定由何士德指挥），以及苏联籍乐队合奏的晓庄山歌《锄头舞歌》（秦鹏章配器）。

与进步音乐家、戏剧家、诗人等左翼进步文化人群的接触，使星海的音乐创作逐渐成熟，音乐思想也越加明确坚定，他开始将其音乐创作深入地融入民族解放事业中。他有了新的思想认识：

> 我在此时接触了许多埋头苦干的人士，他们真心地为
> 祖国的事业来贡献全部力量，也看见了许多只顾出风头的人
> 物。我不断地写作，我得到许多同胞的帮助、鼓励和批评，
> 也遭受过检查、限制和排斥。我以前所想的祖国那么天真简
> 单，现在没有了，我有时也苦闷，但愉快的时候多。

星海热心创作救亡歌曲和组织歌咏活动，讲授音乐知识，培养歌
曲指挥，经常深入学校、工厂、农村去教唱歌曲。大量社会音乐活动，
不仅对抗日救亡歌咏运动的发展起了重要的推动作用，他也从中受到
启迪和鼓舞，得到了广泛接触群众的机会，不断实践了他学生时期既
有的"普及中国音乐"的思想：

> 我喜欢接近学生，尤其喜欢接近工人、农民，我在工人
> 的歌咏队里教歌，也到大场乡下去教歌，他们对我的作品表
> 示欢迎。我从他们的喜怒里，尤其劳动的呼喊、抗争里吸收
> 新的力量到作品里来。

星海经常应群众的需要，做一些歌曲的普及工作。他在创作时，
习惯采用五线谱，有时，他也得根据要求，将不易学唱的五线谱改为
简单易学的简谱，反复校正。一个专业深厚的音乐家，即使做这些原
本可以交给他人的琐碎的工作时，也总是热情而专注。

有一次，何满子去星海家，星海正在将《青年进行曲》原先的五
线谱改写简谱。原来《大众歌声》要发表星海前些日子谱写的这首
歌，杂志的编辑过来取歌曲。歌曲是同名电影歌曲，田汉作词，在抗
战前期十分风行。当时星海还没有钢琴，写完后用小提琴来试音校
订。星海拉琴试曲的模样让他印象深刻：他一面拉琴，一面侧着头轻
声哼唱，有时高举着弓，做短暂的沉思，再来，再哼，最后放下琴，双

百年巨匠
Century
Masters
冼星海
Xian
Xinghai

冼星海与影片《青年进行曲》的工作人员

手握拳使劲向上一击，满意地喊"行了！"

星海逐渐明确了自己的艺术创作主旨，他认识到自己在巴黎时期的创作没有形成真正的个人风格。创作救亡歌曲之后，觉得自己的音乐创作与现实生活紧密联系起来，对于创作救亡歌曲，也变得坚定而执着。

自然，我对他们的理解还不够，我的作品也还很浅薄、不深入。可是比起在巴黎的作品充实得多。在巴黎的作品，连作风也未确定，只不过是有印象派的作风和带上中国的风味罢了。而尤其觉得高兴的是我的作品那时已找到了一条路，吸收被压迫人们的感情。对于如何用我的力量挽救祖国危亡的问题，是有把握了。我的作品已前进了一步。我的写作和实践初步地联系起来了。

1937 年 6 月，新华影片公司老板为迎合低级趣味，投机拍摄古装影片。当时《毛毛雨》等家庭爱情歌曲风靡上海歌舞厅，老板强令冼星海创作《新毛毛雨》这类歌曲。一个有良知的音乐家怎能违心地写作"靡靡之音"，星海愤然辞职。

他以为一百五十元的月薪就可以把我全部的创作意志能力买下来了。但是我的良心不能使我这样做，所以不久我又辞掉了职务不干，我宁可挨穷，宁可分文不计的为社会服务。

星海再次陷入失业状态，但他的社会活动却更加频繁。在参加救亡歌咏活动的过程中，星海为上海文化界、戏剧界、音乐界创作歌曲、配音，教唱，这些工作几乎都是义务的。

星海为《太平天国》创作了插曲《碳夫曲》《打江山》，为话剧《大雷雨》创作全部配音和插曲，创作了儿童歌曲《祖国的孩子们》，以及《旱灾歌》《鲁迅追悼歌》等。

创作三幕话剧《保卫卢沟桥》的同名主题歌和插曲《冲锋》，为聂耳逝世二周年发表纪念文章《向你致以最诚恳的敬礼》，参加上海文化界救亡系会成立大会，出席上海国民救亡歌咏协会成立大会，当选协会常务理事，主持上海国民救亡歌咏关系会成立歌咏大会，指挥抗战救亡歌曲……

在上海的大部分时间，星海几乎把全部的热情和精力拿来创作歌曲和开展救亡歌咏活动。从早到晚忘我地工作，每天的休息时间很少。他不知疲倦的工作状态，让慈祥的母亲很是心疼："阿海，每天上午出去，很晚才回来。回家后，总是谱曲，一直熬到半夜一两点钟才睡觉。有时，我半夜起来催他休息，阿海总是说：'快了，快了！'他一天真的睡不上几个钟头。"

星海的身体不是很好，及至到苏联后因病而英年早逝，这和他长期贫苦的生活有关，也与他忘我地热情工作而忽略身体健康有一定的联系。

1937年8月13日，抗战全面爆发。星海出席了上海文化界救亡协会召开成立救亡演剧队动员大会。大会由夏衍、于伶等地下党筹备，大会随即宣布组建十二支救亡演剧队分赴战区，星海加入了上海救亡演剧二队，奔赴武汉。

第四章 | 抗战武汉 艺术救亡

星海很愿意虚心听取并接受群众的意见，是因为他对普及音乐文化和抗战音乐的深刻理解，「唤起民众，激发民众的抗日救亡热情，组织民众坚持抗战」。只有让普通大众能够流畅自然的唱出来，才能更好地推广和传播抗战歌声。

上海救亡演剧队

百年巨匠
Century
Masters
冼星海
Xian
Xinghai

1937 年 7 月 7 日，日本阴谋发动卢沟桥事变，就此掀开全面侵华战争。8 月 13 日，日军悍然发动大规模军事进攻，上海的中国驻军奋起抵抗，著名的淞沪会战持续三个月。上海各界人民以及全国人民都积极行动起来，组成声势浩大的抗日民族统一战线，以各种方式参加救亡活动，表现了空前的民族团结和不可抑制的爱国热情。

在这场声势浩大的抗战救亡运动中，文艺工作者也拿起了文艺的武器，热情投入到团结抗战的宣传和鼓动工作中。冼星海参加了上海话剧界救亡协会战时移动演剧二队，奔赴各地进行抗日宣传，成为勇立潮头的抗战文艺先锋。

他竭尽所能，用音乐和救亡歌咏活动鼓舞抗战，为抗战服务。这一时期，他创作了《游击军》《在太行山上》《到敌人后方去》《赞美新中国》《做棉衣》《江南三月》等广为流传的优秀作品。

八一三事变之后，电影界的开拓者洪深倡导并组建了上海文化界救亡协会战时移动演剧第二队（后改名为上海救亡演剧二队，简称"二队"），组织部分文艺界人士前往全国各地进行抗日宣传。星海毅然告别母亲，跟随"二队"离开上海。

上海救亡演剧二队共 14 人，队长洪深，副队长金山，队员王莹、冼星海、田方、欧阳斐利、白露、张季纯、金子兼、邹雷、贺路、塞声、田烈、黄冶等。郭沫若亲自为二队送行，鼓励他们为民族解放事业奋斗，并为他们挥笔书写了队旗。

演剧队一路的行程，临近硝烟弥漫的战场，紧张、危险，条件艰苦。但在国家危亡之际，每一个"中华民族的国民"，只有"保卫国土来参加这伟大而神圣的战争"！在给母亲的信中，星海描述了沿途的经历，表达了热切的救亡之心。

"演剧二队"从上海徐家汇乘木船出发（左一为冼星海）到青浦

离开安逸的上海后，走了四个多月的艰险路途。"四处炮声"，敌机在天空盘旋。环境艰苦，甚至坐过装粪的小船，有时还食不果腹。但是，星海和演剧队成员"不顾一切向前，为着踏上一条大路"，14人都是"救亡的勇士""每一个人都明了对自己对国家应负的责任"。

星海在日记中写道："我们大家都抱着热忱向前驶去"。两小时后，日本飞机轰炸闸北和南市。木船停泊在泗泾后改由汽船拖行。"空中十几架飞机活动，高射炮的白烟围着他们打上去。枪声震到每个人的耳鼓里。"到了青浦，每天都有侦察机在屋顶的天空盘旋。虽然没有扫射子弹，"但也够使我们寒栗！"

敌机经常来轰炸，有时一个夜晚会起来几次，听到警报一响就得去防空洞躲避，晚上常常睡不好觉。星海在日记中写道：虽然知道这是抗战时期，"每天每刻都有危险之可能，（但却）因为这样，我们才觉得生活有趣！我们的心都是很勇敢地去担负着神圣的救亡工作。"

星海跟随演剧队从上海徐家汇出发到青浦，经苏州到南京，再到徐州、洛阳、郑州，最后南下汉口，直至在武汉成立中华全国戏剧界抗敌协会。

每到一处，星海都热情饱满地投入文艺宣传工作。完成演剧队的演出任务，演唱歌曲，组织合唱队，教唱救亡歌曲，创作歌曲，带着比以往更加炽热的民族责任感和信心。

母亲是星海在上海唯一的牵挂。星海一向是非常孝顺、关爱母亲的，去巴黎学习让母亲孤单一人清苦数年，已使他愧疚不已。在上海仅有的两年，他让母亲过上了较为稳定的生活。星海的好友伍伯就说过，"母亲是他最爱重的，几乎什么事他都要先问问她"。

为了奔赴各地的抗日救亡宣传工作，星海忍着心痛与母亲挥泪告别。自此，再也未能相见。对母亲的牵挂和思念，也只有寄托于书信中。在武汉等地，星海曾给朋友写信，拜托他们看望和照顾母亲。在写给盛建颐的信中，就请求对他留居上海的老母"尽一点朋友的责任"。星海自己更是不止一次给母亲写长信，汇报自己的工作和生活情况，告慰母亲的牵挂与担忧，倾诉对母亲思念，以及对中华民族自由、独立与解放的责任。

　　现在我已到武汉了，并且不久又快去重庆。在这无一定的漂流生活，虽然也为着国家宣传救亡工作了，但遇到像今天晚上的漫漫黑夜，那凄凉冰冷的四周，我好像耳边有无数的失去儿子的母亲，和失去了母亲的儿子在哀述。那不能告诉人的潜伏般的音乐，很沉重地打击我，使我不能不又想起了我唯一的你 —— 妈妈。

　　我在想每一个母亲也想念着她的儿子出发为国效劳的时候，或许会更恳切些吧！是的，或许会更恳切的！因此我半夜没有酣睡。但想念着国家的前途和自己应负的责任，我又好像不得不要暂时忘记你了，忘记一切留恋，但我并不是忘记了你伟大的慈爱和你过去五十多年的飘零生活，我更不是忍心地来抛弃你走去千百万里的长程。可是我明了我自己的责任，明了中华民族谋自由、独立、解放的急切。我是一个音乐工作者，我愿意担起音乐在抗战中伟大的任务，希望着把洪亮的歌声震动那被压迫的民族，慰藉那负伤的英勇战士，团结起那一切苦难的人们。但，妈妈，我时常感到自己能力的薄弱和自己实际生活的缺乏，虽然有时站立在整千万的民众面前，领导者他们高歌，但有时我总有战栗，因为我往往不能克服自己的情绪又想念到遥远的妈妈了！可是当我每到一个地方的时候我都被那民众歌咏的情感克服，令我不但忘记了自己，忘记了你，而且又更加紧我的工作。和他们更接近，更使我感觉到自己的情绪已移向到民众了。我不时都在妈妈面前说过，我不是一个自私自利、自高自大的音乐家，我要做个生在社会当中的一个救亡伙伴，而且永远地要从社会的底层学习。过去二十多年的流浪生活，就指示了我一个实际生活的经验是超越了学校的功课的。我常常感动民众的力量最伟大，民众对音乐的需要，尤其在战时，那使我不能不忍痛地离开你而站立在民众当中。他们热烈地爱着我，而我也爱护他们。

第四章 抗战武汉 艺术救亡

《民族解放》交响曲

从苏州坐火车到了南京，每天晚上都有日军飞机空袭。但是，南京的空防还不错。看到日军飞机被南京的驻防军队有力地打击，星海深深感受到了中国军民"保家卫国的斗争精神"，"觉悟"到自己不仅是一个作曲者，更要在这样的救亡时代创作"有效"的艺术。

> 我觉悟到自己不但以为是一个音乐作曲者就罢了，我们要懂得时代的动向，更要会利用自己的艺术去领导民众抗战，才成为有效的艺术。我们要用深刻的音调来描写抗战，来歌颂神圣的保卫国土的战争。我们要用歌声传遍都市和农村，鼓励他们忠诚抗战。用那雄壮的歌声遮盖他们的炮声！在这努力工作进行当中，是极其热闹而快乐的。虽然不辞千万里路向着前线行进！这无形中就比家，或在上海后方所做的事都有趣，而且所得到的经验是比较丰富的。

这样的音乐思想也伴随他一直到延安和苏联时期，在后来的音乐创作中，除了进一步创作救亡歌曲，星海开启了大型合唱和大型器乐作品的创作，更多地也是在探索以"深刻的音调"来描写抗战，歌颂神圣的卫国战争。

星海一直想用交响乐这样能够反映深刻社会性题材的音乐形式，来歌颂祖国、展现民族灾难和抗战救亡的社会内容。但是，作为一种外来音乐形式，它在中国还缺乏相应的群众基础，不容易作为群众音乐形式普及。交响乐的排练演出对音乐表演者的要求很高，且需要大量的人力和财力，在当时社会条件下，中国人组织交响乐队和开展交响音乐的普及性演出几乎是不可能实现的。

为了实现民族救亡，星海更多的是在创作群众歌曲和抒情歌曲，推广救亡歌曲。但是，歌曲创作毕竟还是比起交响音乐简单，也无法充分发挥星海的创作能力和他学到的丰厚作曲技巧。星海一直计划和尝试创作大型器乐作品，在民族危亡的时代，他选择了"民族解放运动"的题材。他也希望通过创作交响乐，提升民族自信，并且能对回国后所遭遇的 —— 外国音乐家的轻视给予有力回击。

星海的第一部大型器乐作品《民族解放》交响曲，从 1935 年 7 月开始创作，直到 1936 年秋天完成。断断续续，星海酝酿和写了一年多，完成钢琴谱，因为没有写总谱的谱纸，一直没有配器。在随演剧队一路奔波的间隙，总谱的五线谱纸得以印就，他开始为《民族解放》交响曲配乐和完成乐队总谱。

星海在日记中这样描述了作品的构思内容：第一段，叙述大中华民族的土地丰美，表现中华广大的民族。第二段，描写被压迫者的苦痛和压迫者的放纵、各种灾乱。第三段，用三种民歌式作品象征海陆空三种力量。海，是用五月的龙舟竞赛，节奏很鲜明；空，是用九月的纸鸢象征空军。陆，是十二月的狮子舞，用狮的舞姿象征陆军，先是睡狮昏迷不悟，其后则怒吼振奋。第四段，是锄头歌舞，全用此歌发展，意即象征全民抗战而得胜利。

这部交响乐是中国作曲家创作的较早的一部交响曲，它以现实主义题材，探索了西方大型器乐创作技术与中国民族音乐的融合，对标题性音乐具有开拓性意义。这部标题性音乐作品，将"歌颂祖国、灾难与压迫，以及抗争、胜利"几个音乐主题进行了深化和拓展，或许是受到了芬兰作曲家西贝柳斯的标题交响诗《芬兰颂》的启发。

从上海到武汉，再到延安和苏联，星海一直把这部作品的曲谱带在身边，《民族解放》交响曲的写作断断续续一直到 1941 年，在苏联才完成全稿。

星海对创作大型交响音乐有着特别的作曲家情结，这是他实现创作"中国新音乐"理想的一个重要领域。《民族解放》交响曲是星海的第一部交响音乐作品。由于战争和工作原因，它的创作和完成历经数年，演奏和出版也成了星海一生中未能完成的夙愿。

在莫斯科病逝前的一个月，他还惦记《民族解放》交响曲的出版和演出。因为"在民族灾难深重的条件下，从这一地方到另一地方转移的过程中，又是在缺乏乐器的条件下写成的"，而且也没有机会试奏和演出及至适当的修改。因此，作品也难免会有某些技术性的不足和瑕疵。但是，在中国交响音乐的发展与民族化进程中，《民族解放》交响曲的开拓意义和重要价值是毋庸置疑的。

从徐州到河南

1937 年 8 月 29 日，演剧队到徐州。第二天早上八点，星海就开始指挥和教唱学生合唱队，演剧队集体创作了十七幕的活报剧《保卫祖国》和四幕话剧《米》。活报剧是以应时性、时事性为特征的戏剧类型，就像"活的报纸"，演出时常把人物漫画化，并插有宣传性的议论。演出效果非常好，"颇得观众的赞许"。

两天后，到石桥村、东贺村演出。"远远地我们听见一班小学生（约 100 人）唱着《义勇军进行曲》来欢迎我们。当时我感到热泪汪在两眶"。星海为抗战歌咏能够如此深入群众而感动。

能够在那么偏远的乡村听到《义勇军进行曲》，可以想见当时救亡歌咏的传播广度。而这次演出，星海和演剧队的队员们也体验到了士兵和村民三千多观众的热情和欢迎，这是"自我们出发以来没有见过的"。在给盛建颐的信中，星海甚至提到自己"两次流泪，那正是民众最高热情的时候"。

演剧队到河南后，先后奔赴河南大学、开封、洛阳、郑州等地，在这些地方播撒了救亡歌咏的种子。在河南大学，晚上其他队员出去排戏，星海和几个人很快就"招得几十位学生"，在楼梯上大声歌唱救亡歌曲，唱响了"开封救亡歌声的第一声"。

星海在河南大学组织举行了第一次开封救亡歌咏大会，平津流亡同学的参加，使歌咏队达到 167 人。散会后，星海又教六七百学生合唱《救国军歌》等。开封的歌咏运动从此开展起来。

百年巨匠
Century
Masters
冼星海
Xian
Xinghai

在开封停留七天，星海与歌咏队的学生们建立了深厚的友谊。星海走的时候，歌咏队到车站唱了一个多钟头的歌送行，星海"感动的流了泪，感到民众歌声的伟大。"

星海的工作与教唱歌曲活动，经常是从清早开始，一直到晚上十点及至深夜。他的日记中记录了 1937 年 9 月 9 日一天的工作，从中可以真切地感受到，他那高涨的工作热情和组织救亡歌咏运动的激情：

上午，歌咏队演出，观众近一百多人，"歌还没有唱完的时候掌声就响起！学生对救亡歌曲情绪很高"。

下午，有 6000 人观看歌咏演出，"观众情绪紧张（高涨）到极点"。"散会后有六个学校的歌咏班等着我指导他们唱救亡歌曲，我就教了他们三首"。

饭后，又在河南大学歌咏班教了两首歌曲。并且唱了很多歌曲给他们听。

晚上，帮助他们组织（培养歌咏）干部。

星海在洛阳停留时间长达 15 天，参加演剧队的戏剧演出，组织和宣传救亡歌咏。星海组建了洛阳联合歌咏队，举办了洛阳首次救亡歌咏大会。在中央军校及部队指导军官、壮丁唱救亡歌曲，指导军乐队。

为纪念"九一八"，演剧队筹备和排演了一次规模盛大的救亡歌咏节目，这也是洛阳举行的第一次盛况空前的救亡歌咏大会。演出分三场，早上九点半，下午两点半，晚上七点半。参加团体有各学校联合的歌咏团、一六六师的军乐队等。歌咏大会"每场客满"，洛阳文化界人士用热烈的掌声表达了与救亡歌声的共鸣。

星海每天的教唱和指挥活动都很频繁，经常在示范演唱歌曲的时候，使用一些假声、和弱声唱法，这可以保护嗓音不至于过度疲劳，也符合用嗓科学，凡是懂一些音乐演唱常识的人都能理解。

冼星海给洛阳歌咏队员的题词[1]

有一次，一个别有用心的人在星海教歌的时候蓄意挑衅，说他"不够大声"，混淆群众视听。面对这样的责难，星海并未直接反驳，而是讲述了自己的苦难经历和救亡斗志，展现出他内心的强大力量，令人尊敬和感动。这个场面和情形，当时的歌咏队成员振山还记忆犹新：

冼星海在洛师（洛阳师范）教唱《救亡进行曲》时，一个崇拜希特勒的"校狗"挑衅地叫道："冼先生！大声点唱！"冼星海说："等把这个歌教会大家，再告诉你，我怎么不能大声唱了。"他在小声教大家唱会"要打倒日本……把旧世界的强盗杀光"后，才接着说了下面这段话："1929年，我在酒吧里半工半读，早晨五点去饭馆跑堂，中午去学校学习音乐，晚上在跑堂到十二点，身体支持不了，一天晚上连人带菜摔跌在楼梯上，挨了顿骂被老板开除。我在巴黎曾经几十次失业，缺衣服没棉被，常常饿倒在大街上。有些中国留法学生却

---

① 1937年9月14日，星海到洛阳后的第一次公演，歌咏队演唱了星海的《救国军歌》《打回老家去》等。星海送给歌咏队的题词意味深远，用五线谱抄写《救国军歌》最后一句歌词："维护中华民族，永做自由人。"这首歌曲在抗战时期唱遍全国。

嫌我穷而侮辱我。这些公子哥儿有钱有势能领到南京政府的公费，穿戴漂亮，可未必真的学习。我在世界有名的巴黎音乐学院深造，得了荣誉奖，足有资格享受祖国的公费，南京政府就是不发给。我只得把巴黎音乐学院给我的荣誉奖品换成饭票生活。东北三省被日寇强占，我流泪痛哭，决心回祖国参加救亡活动。我一无所有，只有一个当佣工的母亲住在苦难的祖国。苦难把我折磨得不会大声歌唱了，我小声教唱可我用了全身的力量啊！"大家听了都肃然起敬，深受感动。

洛阳时期，星海已经积累了较多的救亡歌咏工作实践，也深入思考了救亡音乐的内涵和作用，他在《洛阳日报》发表了《救亡音乐在洛阳》《救亡音乐在抗战中的任务》等文章，从理论上阐述救亡音乐的特性和作用，进一步推动救亡音乐的发展。

星海指出，救亡歌曲"能使我们全部的官能被感动，而且可以强烈地激发每个听众最高的情感"，"它是较戏剧、图画更直接、更有效的，原因是它能普遍地让民众较其他的艺术更容易接受"。

救亡歌曲"是为了适应抗战而产生的时代性艺术""负有建设大众国防的责任""一个被压迫的民族缺少不了救亡的歌咏"。

救亡音乐在抗战中的任务，"不仅要像其他的文化艺术一样，组织民众和激发民众的抗敌力量，而且更要有目的地唤起不愿做奴隶者的内在的斗争热情。"

冼星海在洛阳火车站

离开洛阳时，演剧队受到各界

歌咏队的欢送，到会者近260人。星海给洛阳歌咏队的朋友写信告别，表达对救亡歌曲和抗战胜利的信心：

> 她（歌曲）是一种新的力量，一种敏锐的武器，用她可以保护国土，唤醒民众。而且还可以粉碎敌人。
>
> 歌声愈激昂悲壮，民族的前途就可以肯定是愈有光明。
>
> 只要你们努力，我们随时随地可以有相见的机会。因为歌声传遍了整个民族之后，我们就可以用歌声来代替我们的一切慰藉，那就是我们相见的时候。

演剧队来到郑州。两天的时间，郑州所有中、小学校的学生汇集到扶伦中学大礼堂，跟随星海学唱救亡歌曲。演剧队在日夜排演，星海则与扶伦中学音乐教师汪秋逸组织救亡歌咏队，与各校音乐代表商议歌咏大会事宜。

9月30日，星海再次组织推动了一次盛况空前的歌咏大会。"秩序（节目）工三十三个，各团体参加，情绪至为紧张"。扶伦中学也成为郑州抗日救亡歌曲演唱中心。

扶伦学校的条件比起一般的村镇和部队要好一些，还有一架钢琴可以协助教唱。音乐教师汪秋逸的回忆，形象地描绘了星海教唱歌曲的细节和动作：

> 当年所有学歌的青、少年无不热忱地欢迎星海同志亲自登台教唱，他每教一首歌都不用伴奏，教唱前先在钢琴上弹个起音，就一句一句地反复地口授，经常以右手的拇指捏着中指，再以食指按在中指上做拧指以击拍。他的嗓音虽不洪亮，但在他的歌声里充溢着对革命忠诚的深情，具有勇往直前的精神和不可摧毁的斗志，带给人以无限的欣赏的热力。

汉口救亡歌咏"舵手"

百年巨匠
Century
Masters
冼星海
Xian
Xinghai

1937 年 10 月，由于中日战争的战局变化，星海随演剧队离开南京，前往武汉。而演剧队原计划第一次宣传演出和修整后进行再次的移动宣传，最终也没有实现。

星海在汉口停留一年，开展了专门培养指挥教唱歌曲的系统训练，创办了 60 多个歌咏团体，举行了各种形式的歌咏活动，多次的歌咏音乐会、露天歌咏音乐会、星海个人作品歌咏大会等，还组织了大规模的火炬游行，歌咏水上游行，发动了几十万民众参加，使武汉救亡歌咏运动唱响全国，将中国的救亡歌咏运动推向高潮。

演剧队在汉口时期，长住在汉口精武体育会，一幢位于汉口吉庆街惠通路口的三层楼房。由于星海和金山等人的知名度，这里非常热闹，来访的同行和文艺界人士络绎不绝。

光未然在文章中写道："星海同志一到汉口，立刻被青年人所包围。他生活在青年人的怀抱里，像孩子一样地安适，又像孩子一样的兴奋。每天四处去教唱，指挥，谈问题，房里总是挤得满满的"。

直到 1938 年 4 月，星海搬到武昌（"第三厅"），还经常到这里"写作和下榻"。

在汉口，星海与武汉的歌咏骨干曾昭正相识，俩人成为武汉救亡歌咏运动中的战友。当了解到武汉歌咏活动的发展速度较快，但却缺少歌咏干部时，这个在上海、开封、郑州等地也存在的普遍问题，让星海开始思考"以后可以办一个专门培养指挥教唱歌曲的训练班，选一批唱歌水平比较高的青年参加"。

很快，星海就到武汉群众自发组织的业余歌咏团教授指挥，曾昭正回忆，这是星海到武汉后"第一次系统(指挥)教学"：

> 他先领导全队练唱学过的《救国军歌》《青年进行曲》《保卫卢沟桥》等几首歌。稍有不妥的地方，便停下来自己唱一两遍示范，详细讲解轻、重、强、弱和感情。大家兴趣被调动起来，效果非常好。接着，冼星海要每个人都站起来，排成做体操的队形，左右手横向摊开，拉开间距，学习指挥。他自己背向大家，要所有人都模仿他打拍子的手势，嘴里念着"一、二、一、二，重、轻、重、轻"。
>
> 待绝大多数人熟悉了动作要领后，就用《青年进行曲》来练习。他领着他们一边唱，一边做指挥动作。自己又走到每个人面前一一检查，纠正姿势，直到全体掌握了规律，再正式排练一次，像通过考试才算及格一样。以后一连几天，都是这般教。教会二拍子后，又教三拍子、四拍子。

因为和业余歌咏团有这样的渊源，星海在汉口时期创作的一百多首歌曲，往往都是由业余歌咏团首唱和传播出去的，"连以后由他亲自创办和指导任教的海星歌咏队也不能相比"。

1937 年 10 月下旬，星海亲自参与筹备，在武汉健身歌咏队基础上扩建海星歌咏队。他希望将海星歌咏队队员培养成歌咏干部，他定期去教唱救亡歌曲，指挥、作曲和音乐常识。其他时间，歌咏队员们则会分散"建立其他的歌咏队、到街头去进行抗日宣传"。

雨田是海星歌咏队培养出来的一名音乐工作者，他回忆，海星歌咏队成立后，每星期练习三次，星海的思想是培养干部，"加紧训练，使每一个人都能指挥，都能教人唱歌，甚至能创作简单的曲调，以备

冼星海与海星歌咏队部分队员合影（前排左四）

将来能够独立工作，能到群众场合去教唱"。海星歌咏队是星海指导
时间最长的一个歌咏队。

由于抗战音乐的发展和普及群众音乐文化的需要，星海创作的救
亡歌曲大多是进行曲风格的作品，二四拍子较多。但也有少部分抒情
风格的作品，节拍舒缓、清新优美。

为话剧《复活》所写的插曲《茫茫的西伯利亚》是星海歌曲中唯
一的一首六拍子的歌曲，星海曾受邀在武汉大学歌咏队教唱和指挥过。
曾昭正回忆，那是星海到武汉后不久，歌咏队立即邀请他去指导。

> 星海带领大家唱了《拉犁歌》《流民三千万》《青年进
> 行曲》等十多首最流行的救亡歌曲，间或停下来为歌咏队员
> 讲解示唱。一个多小时过去后，同学们的兴趣仍有增无减，
> 情绪热烈，星海也非常兴奋。

曾昭正借此机会，拿出了事先准备好的男声二部合唱曲《茫茫的

西伯利亚》，请星海教唱，这个歌曲的复拍子指挥法和舞曲风格的节奏律动，与二拍子和四拍子的歌曲指挥迥然不同，平常应该也很少有机会学习。星海对这首歌曲的示唱和指挥，给歌咏队的青年人留下了深刻的印象：

> 星海用假音先作轻声示唱。优美清新的三拍子节奏，随着两臂舞蹈般的匀称指挥动作，同学们凝神注视，耳目全新。全场屏住呼吸，寂然无声。冼星海在法国除学习作曲、小提琴外，还学过指挥法。由于时代环境的限制，他未能充分发挥这方面的才能，这次示范教唱，只是小试锋芒，也够人大饱眼福。

武汉时期，星海有了更多的机会与工人群众接触，他对饱受剥削的工人印象深刻，也为工人创作了一些歌曲。星海最难忘的一次经历，是跟随演剧二队到大冶、石灰窑（黄石）的巡回宣传演出，深入矿场参观并亲身体验铁矿、煤矿等工人的艰苦生活。

星海在矿场里参观了好几天，教工人们大合唱。为了深入群众生活，他下到煤矿的底层观察工人的工作和生活，看到工人们从早到晚的工作，工资极少，饮食和工作条件很差，既同情又感到不平。

星海从工人的口中记录了许多歌曲和矿工号子。有了工人生活体验和素材，他为工人创作了劳动歌曲《起重匠》。到延安后，他曾把这首歌配上合唱与伴奏，第一次在音乐会上演唱。受到了工人们的热情欢迎，"许多工人跑到我面前，要我多写这样的曲给他们唱。"

1937 年 12 月 5 日，星海在跟随演剧队演出后，独自留在吕家湾"冶雄体育会"，"每天晚上教授群众救亡歌曲"。几天后，在冶雄体育会操场举行了第一次救亡歌咏大会，群众四五千人，节目 40 余个。参加的歌咏团体众多，有"振德中学、铁小、铁小分校、伤兵、冶雄体育会、水泥厂小学、壮丁队"等。

星海在汉口的工作非常活跃，除了抗敌演剧队中的工作，每天晚上又组织当地青年音乐爱好者的歌咏活动，他将自己集创作、指挥、歌唱为一体的专业音乐才能，因地制宜地融合在救亡歌咏运动中，最有效地实现了"为救亡而艺术"的理想。

1937年11月，当时曾在新华艺专音乐系学习的瞿维，回忆起星海约请他参加过一次歌咏活动，星海辅导青年人将歌曲演唱、创作和指挥融合在一起，毫不拘泥于"学院派"的各专业独立的教学体系和模式，这与他的专业学习完全不同，也给他留下了深刻的印象：

> 记得地点是一所学校的教室，开始时大家演唱星海新写的《迎春曲》，先由他指挥，然后挑出一位队员来指挥，他在旁边指导。演唱完了是修改作品，大家都写得很多，星海逐一地唱并提出意见。这种方式对我说来是非常新鲜的，是过去呆板的学校教育所没有的。既有演唱、指挥又有创作，生

武汉大冶炼钢厂冶雄体育会歌咏队欢送冼星海（前排左五）

动活泼地合在一起，使每一个人的能力都很快地提高。我当时也拿出一首歌曲请他看，他看后说："这很像海顿的奥国国歌。"这的确一针见血地说明了我还受到陈规的束缚。而他却不然，无论在创作上，在生活作风上都是生动活泼的，都是富有生气和创造性的。

生活虽然很清苦，但冼星海开展歌咏运动的积极热情丝毫不减，他到各处指导群众唱歌，讲授指挥方法。只要受到邀请，从不随便拒绝，更多的时候是主动要求去歌咏团体了解情况。

武昌业余歌咏队是一个十多人的小歌咏队，而且距离汉口"过江路远"，星海接到歌咏队的请求后"立即满口答应"。到约定的日子，突降严冬的暴风骤雨，他仍然坚持乘渡轮前去。

一个已经有相当知名度的专业音乐家，能够放低姿态，将自己融入为一般的群众音乐服务，为抗战服务之中，对青年人关怀备至，平易近人、毫无架子，这使得星海深受群众和广大青年的爱戴。

1937年10月，星海受约到武汉基督教青年会学生救济会教歌和指导指挥。这机构是由董必武同志促进青年会部分爱国人士成立的，以救济流亡学生为主。李一非当时也在其中，星海经常去教他们唱歌和指挥，热情帮助年轻人学习和提高，后来还推荐她去报考了延安鲁艺音乐系。星海在学生救济会教歌的时候，工作条件简陋、匮乏，但他饱含积极的工作热情和乐观主义精神，深深地感染了青年学生们：

记得那时他穿着一件深浅古铜色夹着织的呢子西装上衣，天气再冷一点时加了一件黑色的棉外套，脖子上围了一条绒围巾。他只有一件短袖衬衫，西装上衣袖筒内是空空荡荡的，尽管武汉的气候不那么冷，穿那么少的衣裳还是不能挡风寒的。但他两眼炯炯有神，嘴角微微向上翘着，对我们这群流亡的学生总是露出和蔼亲切的笑容。

第一次他来教我们唱歌时已是深夜了，当时由于灯火管制，点的是蜡烛，教我们唱《流民三千万》和《拉犁歌》。后来不仅教我们唱歌，还教我们指挥方法。他教后要我们练习指挥，当我们指挥一首歌曲结束后，他总是耐心细致地指出我们指挥的优点和不足。那时上课没有乐器，没有黑板，没有印歌篇，个别同志有一本《大家唱》小歌本，大多数人只有凭自己的耳朵听教者一句一句的教来学习唱歌。在那样的条件下，星海同志是精神饱满地坚持工作，积极热情地教我们，他那乐观主义精神也感染着我们，星海同志很快就赢得了大家的爱戴。

在武汉，演剧二队的歌咏工作成了武汉歌咏工作的中心。星海每天工作十几个小时。武汉歌咏队迅速繁衍，逐渐扩大到工厂、商店、

1938年7月，武汉基督教女青年会战时服务社送别冼星海留念

农村。那壮观的景象使人激情澎湃，更令人难忘。星海与张曙一起举办过许多歌咏大会，举行过几次歌咏大游行。游行的时候，商店里的店员和民众也一起合唱起来，那场面极为壮观。

光未然与星海相识于上海，合作在武汉、延安，他对星海繁忙的工作、创作的灵感，以及普及大众音乐的热情感触至深：

> 在上海，在武汉以及在西北的时候，他经常领导好几个合唱团，常看到他忙得满头大汗。只要和青年人和群众在一块儿的时候，他的灵感就哗啦啦啦地涌流出来。他伏在阶沿上、草地上、办公桌上、箱子面上，在任何欢声嘈杂的场合，即兴地作曲——五分钟写好了一支短歌，两礼拜写好一部大合唱的总谱。他是一个高傲的人，他写的东西，凡是遇到同行人的不公正的批评，大致是一概不接受的；但是对于青年人的意见，群众的意见，一个外行听众的意见，他却非常重视，只要你敢于提出，他几乎是无条件低接受，而且马上动手来修改。

星海很愿意虚心听取并接受群众的意见，是因为他对于普及音乐文化和抗战音乐的深刻理解，"唤起民众、激发民众的抗日救亡热情、组织民众坚持抗战"。只有让普通大众能够流畅自然地唱出来，才能更好地推广和传播抗战歌声，他向一些"并不是懂得很多音乐理论的青年人征求意见"，往往在他们指出"某处唱起来不那么舒畅，他就边唱边试，直唱到比较舒畅了，他就改写了"。

南京沦陷后，为团结歌咏工作者和音乐界人士，组织救亡歌咏运动的统一战线，星海倡议在武汉创立强有力的歌咏总机构，开展声势浩大的救亡歌咏运动。

1938 年 1 月，经过二十余天的筹备，中华全国歌咏协会成立大会

1937 年 12 月 5 日，全国歌咏协会筹备委员会成员

在汉口光明大戏院召开，星海担任大会主席，大会定 1 月 17 日为全国歌咏日，下午举行了歌咏大会。

此次歌咏大会，选举了包括救亡音乐工作者和专业音乐界的多位音乐家，包括黄自、洗星海、刘雪庵、盛家伦、吕骥、沙梅、张曙、贺绿汀、何士德、王云阶、周巍峙、刘良模、熊务民、李行夫、夏之秋、江定仙、林路、曾昭正等共计 35 人，星海与张曙等人还被聘为武汉文化界抗敌协会音乐工作委员会委员。

不久，星海即与沙梅、盛家伦等在汉口举行全国歌咏协会首次执委会会议，通过《全国歌咏协会成立宣言》和《告全国歌咏同志书》，号召各地歌咏工作者团结在协会总体之下，把歌咏作为斗争的武器，在各地城乡有计划地开展救亡歌咏运动，把群众"唱上战场"。这个协会的诞生仅有几个月，虽然没有产生星海所预期的最好效果，但也努力团结了音乐界，将抗日救亡歌咏运动的推向了一个新的高潮。

星海在《武汉日报》上发表了《救亡歌咏运动和新音乐的前途》，进一步梳理了救亡歌咏运动的发展，并对新音乐进行了新的定义。他总结全国各地的歌咏运动和救亡歌曲创作，指出歌咏运动已经影响到广大民众，但它存在一些不足和缺点："误解救亡歌咏的意义，歌咏团的分歧，不能深入民间，没有统一的救亡音乐教材，缺少真正的领导人才，救亡歌咏水准太低太高的不平均。"

对于中国新音乐内容，星海指出应该包括"新型歌曲、新歌剧、大型器乐作品，甚至歌舞、电影等"；有了群众歌曲的基础，可以"从实际生活中产生的新的民歌风格"，开展"将来的伟大民族的歌曲"。

中国新音乐的奋斗目标，是要创作"代表伟大民族性""在音乐史上占据重要地位"的交响诗，以民歌为基础，创作具有新的形式和技巧、丰富内容的新歌剧。中国新音乐的伟大前途，在于奠定了"新民歌、交响乐诗、新歌曲、歌舞、电影的基础，必定要在抗战期中"。

星海希望发展丰富的音乐体裁，并且强调大型声乐和器乐作品的意义，这样的新音乐观是比较有深度的。

尽管对中国新音乐的发展有了未来的希望和目标，但在战争时代背景和群众音乐文化发展还比较薄弱的现实状况下，救亡歌咏仍然是星海确定音乐工作方向的前提。

1938 年 8 月，面对群众音乐基础薄弱，推广抗战救亡歌咏仍是普及音乐文化的现状，星海在武汉的"歌干班"指出：

1938 年夏，冼星海在武汉

　　齐唱曲的创作在需要上远较合唱曲为重要，现在如此，至少在几十年内还是如此。有些人只注视着城市里的几个合唱团，以他们的需要为需要，以他们演奏会的听众为音乐运动的对象；他们忽视农村，也就忽视农民大众，这是短视，这是错觉，在创作方向上是应该注意的。

　　一位作曲家本可以创作大型音乐作品，却专注于写群众歌曲，似乎是将高深的音乐技术简单化，如此"大材小用"，也使得星海得不到某些音乐家的理解。

　　1936~1938 年间，星海创作了 300 多首救亡歌曲，大部分创作时间都很短。为了运用最快、最有力的大众歌曲形式，开展救亡歌咏运动，他备感时间紧迫并努力工作，甚至无暇顾及音乐界某些专业人士对他写群众歌曲的不解甚至歧视。

　　星海深刻认识到，抗战救亡的特殊时期，就需要这样能够迅速传播的、有效的群众歌曲，哪怕它们与大型音乐相比较过于简单，甚至也不像艺术歌曲那样配有伴奏。

　　当时一班顽固的音乐家常常讥笑我、轻视我，但我是一个有良心的音乐工作者，我第一要写出祖国的危难，把我的歌曲传播给全中国和全人类，提醒他们去反封建、反侵略、反帝国主义，尤其是日本帝国主义。

为什么创作不带伴奏的歌曲？星海回答说：

　　有人问我为什么我的歌曲大都不写伴奏，我的回答是"没有空"。目前大众还不是最需要我写伴奏，他们需要的是大量的歌曲，需要能从各种角度反映他们的生活和生活要求的歌曲。我要以写一首伴奏的时间，去写两首新歌。

迟来的爱情

武汉时期，是星海音乐事业的重要过渡阶段，也是他收获爱情的时节。

1937 年，星海 32 岁了。在忙碌于救亡音乐工作过程中，这迟来的爱情终于还是不经意地发生了。即使在战火纷飞的革命时代，爱情这一人类永恒的主题也是值得歌颂的，何况这"伟大的爱情生活"让他充满了工作的热情和对生活的向往，得到了心灵的慰藉。

星海在真正收获美好的爱情之前，先是经历了一段"爱的插曲"，让他在痛苦和迷茫中一度找不到方向。

1938 年春节前，演剧队因为工作需要而补充了一些艺术青年，在武汉三镇及附近村镇开展抗日救亡文艺宣传活动。在这些年轻人中，一个活泼开朗、聪明伶俐的女孩，让感情上"木讷"的星海陷入了"恋爱的苦恼"。

刘励坚是一个充满活力而且总能吸引人众人眼光的女孩，在演剧队中，她经常表演口琴演奏，唱歌，教唱救亡歌咏，她嗓音洪亮、充满热情和活力，给星海留下了深刻的印象，也让他陷入爱情的"患得患失"中：

> 我是第一次看见这一位能干的女士在工作。听着她的声音总感到她是一位很聪明的、很能够引人的女士！她给我的印象很深——可是她又常常的像不睬我的样子。有时我很气忿，可是不到几个钟头，我的气忿又消失去了！我总是爱

听她尖利的声音，看她聪明的、闪烁的眼睛，有时我觉得她不大睬我时，我便也不愿意睬他。结果我回到家里难过，我总是因为难过而去入睡或以作曲来寻求安慰。但过了一会，再遇到她在我身旁的时候，我一切烦恼都消除了，我便很和气地和她接谈。

星海在音乐上充满自信，在与异性相处时却显得有些胆怯，"我在平时连一个很平常的小女孩都不大会应付，又何况她这位聪明伶俐的"。刘励坚对星海的爱总是表现得犹豫不决、若即若离，这让本就不善表达情感的星海感到痛苦与焦灼。

他常常陷入革命工作和爱情之间的纠葛，在这样的抗战时代，心怀民族大义的革命青年怎能有闲暇和心绪沉浸在个人的情感世界中呢？在民族解放事业和个人情感的交织中，星海对自己这种"痛苦的爱恋"感到惭愧。

读了《抗战中的陕北》一书后，星海在日记中这样写道：

我真怕自己会渐渐落后而不长进……我痛恨自己还在好像进行着一种恋爱生活，常常以烦恼来烦恼自己。假如我还觉悟的话，我应该想到自己的现时责任和将来的前途。回想我十多年的奋斗生活，我的经验的一切的履历，或许可以使我觉悟恋爱的空虚和一切的不真实。我悔恨自己，我要唾骂自己！

星海与刘励坚的恋情持续了三个月，经常陷入痛苦和失望，他似乎得不到她坚定的爱情回馈，刘励坚处理感情的方式和想法也让星海无法理解。在爱情的激励下，星海为她创作了《坚励歌》，将新作《三八交响乐诗》(乐谱未见留存)也题献给她。

迥异的性格和对感情认识上的差异始终横亘在俩人之间，"我始终不了解她！她的一切的外表令我太难受"。最终，这段爱情也没有修成正果。

这段恋爱插曲让星海在患得患失中饱尝痛苦，就在这时候，他的感情生活迎来了转机，天真、纯洁，性格朴素率真的女孩 —— 钱韵玲引起了他的注意。

星海与钱韵玲的初次见面是 1937 年秋天，在武汉的一次会议上，钱韵玲第一次见到了星海，"他朴素、诚恳、热情，给我留下了深刻的印象"。

钱韵玲毕业于上海新华艺专，当时是武汉第六小学和第三小学的音乐教师，也是抗日救亡歌咏活动的积极分子。她后来也参加了星海亲手创建的海星歌咏队。"每周两次向他学唱救亡歌曲，学习指挥、作曲和音乐常识，然后我们又各自分散，去建立另外的歌咏队、到街头去进行抗日宣传"。

那时星海忙于组织歌咏活动，也因为另一份感情的牵挂，与钱韵玲并没有情感上的交集。几个月后，星海与钱韵玲才有了更进一步的接触和了解。

1938 年 2 月 27 日，由周恩来、董必武、郭沫若、茅盾、田汉等人发起，为著名科学家、第八集团战地服务队队长钱亦石先生举行追悼会活动，星海受邀谱写《钱亦石先生追悼歌》。这时候方才知道，海星歌咏队里的钱韵玲就是钱亦石的女儿，两人由此熟识起来，这件事也使他对钱韵玲有了深刻印象：

> 他(钱亦石)的女儿钱韵玲在我歌咏班里学习，直至今天我才知道她是亦石的女公子。今早她把作的挽歌送上来，我偶然问亦石先生是她何人，她便含着泪来答我："是我父亲。"她悲伤到不能成声！这个印象给我非常深刻！我只能安慰

百年巨匠
冼星海
Century
Masters
Xian
Xinghai

冼星海与钱韵玲（右）、黄冰（左）在田间车水，
在为影片《最后一滴血》拍外景[1]

她，但我可惜口才太坏，讲两句话便又停止了！

两人熟识之后，星海给钱韵玲讲述了自己巴黎的求学经历，对救亡运动的认识以及何时开始救亡音乐创作等。钱韵玲对作为老师和兄长的星海，既有敬重，又有真切、朴素的关爱，这让星海觉得感动和温暖。

有一次，海星歌咏队的歌咏活动结束后，下起了大雨。星海晚上送她和伙伴黄冰回学校。韵玲给星海拿热水洗脚，换下干爽的靴子。星海回去后就在当天的日记中写道："我觉得她心地太好。她又天真可爱，外表美又能处处表现出来，内心美更切实。我不禁很感动，甚至我要爱恋她起来！"

星海与钱韵玲、黄冰等年轻人也常在一起看电影、散步。在为电影《最后一滴血》拍摄外景时，他们更多了一些相处的时光，他也真正地爱上了钱韵玲这个沉静、纯真、善良的女孩。

1938 年 5 月 17 日，星海与钱韵玲等人到汉阳门的海光农圃拍摄

---

[1] 星海和钱韵玲化妆成农夫，与190人的歌咏队一起唱《江南三月》。这首歌也是星海创作的抒情歌曲之一。"韵玲插足田间，唱《江南三月》，黄冰跟着伴唱，由盛家伦指挥全体歌咏队，跟着金山导演的指导唱起《江南三月》"。

《最后一滴血》外景，当天晚上写了一篇很长的日记。星海虽然不善表达，自谓是个"炭头"，但他却用诗意的语言，把对钱韵玲的爱情大胆地表露在日记里。

> 我回到自己睡的地方感觉很愉快，人生的最愉快的时候恐怕就是这样子吧，何况东湖的水又清又朗，谈话的都是很高雅的趣事！——韵玲是沉静得像月亮一样秀丽，黄冰却天真到像一个小女孩，我内心跳动得非常厉害，我尊敬她们，我也不敢乱讲话！不知怎样，我这一月来都有韵玲的印象，而且是很深刻地印在我脑袋里！我喜欢她的沉静，又喜欢她的嬉笑、她的幽默、她圆圆的大眼睛和修长的黑发——但可怜我始终是一个炭头，还是一个不大理解爱情的傻瓜。

抗战时期，爱情也会激扬着革命热情，总会与民族大义和民族责任联系。在爱慕钱韵玲的同时，作为师长，星海也对钱韵玲给予了事业上的建议和帮助，希望她能提高音乐专业技术，为抗战和国家做贡献：

> 今天是'五卅'，我仍希望你能从今天起继续钢琴的练习，这是可以提高个人音乐技术的，不使它停留，而且可以帮助抗战。请你记住我这句话，对于你和国家都有贡献。我想今天或明天我马上跟你去租琴，我想你会满意的，但我希望你能拨出一点时间去学点音乐、看点书，不要花很多时间去教课。假使有难得问题，我可以为你解答的，绝不令你失望。

陷入恋爱当中，让星海"感到家庭的乐趣"，即使工作疲劳时也会"自然地快乐起来"。俩人的感情逐渐深入，开始"谈论将来和事业的发展"。

冼星海和钱韵玲

百年巨匠
Century
Masters
冼星海
Xian
Xinghai

感情的历练也让星海得到成长："她带着微笑、带着温柔和可爱，她可以使我更加向上地努力，可以使我了解真正的爱，了解做人，明了自己的弱点"；"我不会由爱她而使她失望，而使我公事怠慢"。

当然，谈恋爱还是需要一些时间的，在"第三厅"的办公室里，星海的身影一度出现的没有过去那么频繁。在那里工作受到各种限制或者苦闷的时候，爱情让星海获得了心灵上的慰藉。

1938 年 7 月 20 日，星海和钱韵玲在普海春酒楼举行了朴素的订婚酒宴，陈铭枢将军、田汉、安娥、文桢、黄冰等人到场祝贺。不久以后，两人一起奔赴革命圣地延安，星海在钱韵玲的支持下，在那里完成了一生中的伟大杰作。

革命时代的珍贵感情和相濡以沫的婚姻生活，让人感动却也感叹。两人在一起共同生活仅仅三年，星海后来因工作需要离开延安到苏联，病逝在异国他乡，两人就此竟成诀别。

军委会第三厅

1938年4月，在国共联合抗日的前提下，武汉成立了国民政府军委会政治部，下设第三厅及其下属机构。第三厅汇集了以郭沫若为首的进步文艺界人士，作为国统区文艺界抗日民族统一战线的最高行政领导，大力推动国统区的抗日文艺宣传活动。

田汉担任第三厅第六处处长，主管戏剧音乐科，冼星海、张曙负责音乐科工作，他们热情投入了当时的抗日音乐活动。短短几个月，以武汉为中心，出现了救亡歌咏运动的高潮。

1938年4月1日，星海从汉口搬到武昌云华林政治部，到第三厅工作，这是星海"有生以来第一次做政治活动工作"。

报到之日，星海和张曙即开始参与和筹备武汉第二期抗战扩大宣传周活动，计划分为"文学、口头、演剧、歌咏、游行、播音、电影"等多个内容，开展宣传活动。筹备工作期间，武汉接连遭受了四次空袭。

经过一周多的准备，各项宣传分头开展。4月9日，武汉第二期抗战扩大宣传周歌咏日的晚上，星海与张曙赴汉口光明大戏院，主持台儿庄中日会战祝捷歌咏大会。在这次规模超大的万人大合唱歌咏会上，"星海兴奋地担任指挥，累得满头大汗"。没有人知道，他那几天正好得了肩周炎，但他依然忍着极大的疼痛指挥。

4月10日，举行抗战扩大宣传周美术日。晚上，星海和张曙在武昌登上指挥船，指挥武汉三镇多达十余万人，参加长江江面水陆歌咏

百年巨匠
冼星海
Century
Masters
Xian
Xinghai

大游行，游行队伍高唱《保卫大武汉》《救国军歌》等。

当时的武汉救亡运动热火朝天，星海每天忙于组织宣传抗日的群众歌咏活动，忙碌于第三厅的工作和几十个歌咏团队教歌，几乎没有多少休息和创作的时间。钱韵玲的哥哥钱远铎与星海同在第三厅工作，两人同居一室，他对星海那段时期的工作状况非常了解：

> 三厅正式成立之后，工作非常忙，每天工作近十小时，没有星期天。星海更忙，他除了在科内搞日常工作外，下班还要到武汉三镇许多歌咏团队教歌。他的一个记事本里记了许多歌咏团队的名字和去教歌的时间、地址，有几十个之多。到现在我还能记得的有：汉口海星歌咏队、上海‘八·一三’歌咏队、上海蚂蚁剧社、孩子剧社、新安旅行团以及一些学校、工厂和救亡团队组织的歌咏团、队等等。

> 星海对工作非常严肃认真，一丝不苟。他到教歌的团体去很遵守时间，从不迟到、早退，更不无故缺席。有时早、

1938年5月，湖北武汉国民党军委会政治部第三厅部分工作人员合影（左二为冼星海）

中、晚都出去教歌，经常忘了吃饭，每天夜里，星海是三厅同志中最晚回宿舍的一个。那时夜班渡轮最晚一班是半夜十一时半，星海总是最后一班的乘客，回到三厅，差不多是转钟了。可是第二天早上五点钟，他又精神勃勃起床，投入新的工作了。

1938 年 7 月 6~8 日，为纪念抗战一周年，第三厅举办了一次规模宏大的抗战宣传活动。连续三天，组织各种集会和发动各界民众为"抗战献金"（捐赠物品），还进行了规模庞大的火炬游行和多次救亡歌咏大会。

在近十万群众的大游行活动中，星海与张曙组织和安排了几十支歌咏队，分散在各个群众集散地教唱救亡歌曲。这次游行和歌咏活动盛况空前，时隔四十年后回想起来，钱远铎仍然记忆犹新："江上数百只木船，坐满了手持火把的青年群众，排列十来里长；马路上行进着游行队伍，也手持火把高歌猛进。霎时，江中、岸上火光相映……"

由于太过忙碌，那段时期星海几乎没有时间作曲，"一点静静的构思的时间也找不到"。第三厅工作后期，在抗日救亡战争和大规模群众歌咏活动的影响下，星海创作了《在太行山上》《到敌人后方去》两首不朽之作。

第三厅的工作，逐渐地让星海感觉到了"很多的困难"，甚至出现了让人厌恶的"无聊和无所事事"。在国共合作基础上的抗日救亡斗争中，出于争夺巩固政权和削弱共产党的目的，国民党对共产党在合作中实行钳制政策。因此，共产党领导第三厅的工作常会受制于国民党领导的第二厅，他们以主管"民众组织"为名，对第三厅的工作进行阻挠和破坏。

初期，由于第三厅举办的抗战扩大宣传周等活动产生了巨大的影响，第二厅便抢先包办了 5 月份的活动，从而限制和破坏了第三厅这一时期的歌咏活动和其他进步活动。此后，第三厅的工作进展开始进入缓慢而停滞状态。

星海日记中记载，5 月 9 日的歌咏大会，虽然有 66 个节目，参加团体也达 20 多个，但却觉得"远不如从前""歌咏情绪的降低"，这让星海很不满意甚至感得"惭愧"。

1938 年 8 月，星海组建的 10 支歌咏团队，被武汉当局以"组训"民众团体"保卫大武汉"的名义，强行解散归并。星海在苦闷中转入抗敌演剧三队（光未然领导）和武汉"歌干班"授课。

第三厅音乐科原来筹办有歌咏队，通过公开考核招收了一些青年学生。星海、张曙、林路、赵启海等负责歌咏队工作，开设了"识谱、乐理、合唱、指挥"等音乐课。9 月初，这个歌咏队被整编为演剧第九队，仍以歌咏为主。星海带着部分歌咏队员到武汉外围，武昌的远郊去宣传演出。

这大概是星海从事救亡歌咏运动工作以来最为晦暗的时期，歌咏团体管理的混乱和涣散，国民党文化管理的限制和阻挠，使得星海发挥不了实际的歌咏领导工作，更无法自由地开展音乐创作。他在日记中描述了这种无聊的状态：

外面组织的好几十个歌咏团体遭合并为一个队，又把这个队

在第三厅门前留影

的干部（抽调）到各团体中去。这个队就领导不起来了。那些干部被分配到歌团体之后，因受种种限制，不能开展工作，有些则灰了心，有的个别的竟堕落了。他们受物质的引诱，对工作消极。还有在歌曲方面，审查、改削、限制、禁止等更严格，作曲作词的都无法发挥能力。我渐渐感到无事可做，在厅里，除了晚上教教歌，白天只坐在办公厅里无聊。一种苦闷的感觉愈升愈高。同事们也和我有同感。他们编了一首打油诗说："报报到，说说笑，看看报，胡闹胡闹，睡睡觉。"有一个胖子，每天下午必午睡，呼噜呼噜的鼾声震动好几间房子，我们都笑起来。这样的生活，还有什么抗战的气味呢？

外面的众多歌咏团体被解散后，另一些"莫名其妙"的歌咏团体成立了。新的歌咏团开始搞宗派主义并排斥星海，他们不仅不欢迎星海与原来歌咏团的干部加入，也不唱救亡歌曲，包括星海的歌曲。

在这种被"仇视"的环境中，尽管"还有一百多元的工资，可以应酬吃饭"。但星海在精神上很不愉快，身体也虚弱下来，"面黄肌瘦，不活泼、呆板"。虽然他也创作了《到敌人后方去》《空军歌》《江南三月》等代表作，以及许多军队的军歌，但星海创作的"情绪和心情大减"。渐渐地，竟"无法再创作出新的作品"。他渴望有一个让他自由创作的地方。

《在太行山上》

汉口时期，星海创作了 70 多首歌曲，二部合唱近 40 首。大部分歌曲仍然是反映抗战、鼓动群众斗志的歌曲，也不乏部分是"应急之作"，包括各地的军歌、团体歌、工农歌、纪念歌、宣传抗战建国纲领的歌等，如《保卫大武汉》等时代曲，唱过便罢。但星海的歌曲在创作风格却较之以往更加大众化、民族化和艺术化，《做棉衣》《新中国》《在太行山上》《到敌人后方去》《游击军》《祖国的孩子们》等歌曲是这一时期流传广泛和影响较大的作品。

全面抗战爆发后，星海的作品除了救亡题材，还增加了中国军民英勇杀敌的英雄形象。他以极大的热情写下了许多广为传唱的优秀歌曲。这些歌曲的形式与风格较之以往有了新的拓展，极大地丰富了救亡歌曲的内涵和艺术性。

《在太行山上》《到敌人后方去》《游击军》等作品，展现了军民战斗生活的多方面内容，形象生动地刻画了战士和游击队员的英勇顽强。《追悼郝梦龄将军歌》《六十军军歌》《一六零师军歌》等展现了华北、华南等正面战场上中国军民冲锋陷阵、奋勇抗敌的情景。《空军歌》歌颂了保卫武汉立下功劳的中国空军。

这些歌曲的演唱形式大多数是齐唱或小合唱，其中尤以小合唱具有特殊的意义。冼星海特别善于用简单的、灵活的二部合唱形式，来塑造各种动人的音乐形象。合唱声部富于旋律性，并以自由模仿的方式和谐地融合为一体，形成了星海合唱曲的特殊风格。特别是抒情性与战斗性相结合的二部合唱歌曲类型，展现了星海救亡歌曲的新风格。

星海第一次与光未然合作的歌曲是《新中国》，二部合唱，学生非常喜欢演唱。星海认为这是自己"民族化、艺术化"的最初尝试。《保卫大武汉》在武汉危急时所作，也是光未然作词，歌曲"唱遍了武汉三镇"。

《到敌人后方去》(赵启海作词)和《在太行山上》(桂涛声词)是星海在武昌云华林政治部第三厅工作后期创作的，是两首以反映游击战争和建立敌后抗日民主根据地为题材而创作的二部合唱歌曲，在抗战时期广为流传。

在这一类作品里，星海以鲜明有力的节奏和富于棱角性的、宽阔的旋律，来表现坚决果敢的气势和激昂慷慨的情绪。作品个性鲜明、形象生动，节奏及其变化在歌曲中起到了重要的作用。

《到敌人后方去》创作于 1937 年 7 月，作品刻画了抗日游击健儿奋勇奔赴敌后战场的英勇形象。歌曲创造性地采用了回旋曲式，运用了主导动机式的发展手法。以一个极具冲击力的短促音型构成主题，富于动力性地贯穿发展，通过模进与反向进行，形成开放性的主部，描绘游击队奔赴敌后的英姿。两个突出节奏音型对比的插部，再现游击健儿的丰满形象。第一个插部用了数快板式的节奏，表现敌后游击队员的机动灵活，第二个插部节奏舒展，旋律高亢，表现游击健儿的昂扬斗志与坚定信心。主部与副部的交替出现，从不同侧面表现出人民战争的波澜壮阔，刻画了游击队机智勇敢、乐观向上的形象。歌曲创作出来以后，很快就传遍了晋察冀边区，到处都可以听到"到敌人后方去，把鬼子赶出境"的歌声。

星海最为成功的作品是《在太行山上》，创作于 1938 年 8 月。星

百年巨匠
冼星海
Century
Masters
Xian
Xinghai

海在第三厅聆听周恩来宣讲抗日方针、政策，还邀请从太行山上归来的同志给海星歌咏队介绍抗日游击队的近况。对太行山根据地的深入了解，使星海创作出了《在太行山上》这样的优秀作品。歌曲在汉口抗战纪念宣传周歌咏大会上，由张曙、林路、赵启海等演唱，当即受到听众"大声喝彩"，要求再唱。此后，这首歌曲传遍全国，成为太行上的游击队队歌。

在这首二部合唱歌曲中，星海将深情的旋律与坚定的进行曲风格有机地结合起来，以自由模仿的方式将两个声部和谐地融合为一体，将抒情性和战斗性完美地结合在一起，开辟了星海群众歌曲二部合唱类型的新风格。作品独具个性，散发着经典的魅力。

歌曲采用复二部曲式结构，两部分各有两个连贯发展的乐段构成，抒情性的第一部分和战斗性的第二部分形成鲜明对比。第一部分分为两段，第一段描绘东方红日升起，旋律深情宽广，自由模仿的第二声部"回响式"的出现，营造了歌声在群山中回荡的效果，接下来的曲调显得雄浑庄严。第二段歌颂太行山根据地的雄伟气势，"千山万壑，铜壁铁墙"，音乐也变得豪迈壮阔；接下来出现与之对比的乐句，"母亲叫儿打东洋，妻子送郎上战场"，音乐变得富于温情。

第二部分是铿锵有力的进行曲风格。首段刻画了抗日队伍的豪迈气势，第二段节奏变得较为紧凑，切分音和休止符运用得恰到好处，使得音乐形象果敢有力，表现出游击战士坚强的战斗意志。"敌人从哪里进攻，我们就要它在那里灭亡"，歌词重复出现，乐句尾部加以扩充，音调不断向上推进，直至全曲高潮。

应西北影业公司编导创作插曲的要求，星海后来把这首歌推荐给电影《风雪太行山》作为主题曲。

1937年12月，应武昌学生救亡团体之约，星海创作了二部合唱

《祖国的孩子们》，作品格调新鲜、活泼乐观，表现了青少年顽强不屈的抗战精神和武汉救亡运动的蓬勃景象。这首歌与后来在延安创作的《只怕不抵抗》一起，成为星海少儿歌曲的优秀代表作品，流传广泛。儿童歌曲冼星海写得并不多，但这些作品非常富于儿童的特点，形象地反映了在反帝斗争中，中国儿童天真、活泼、勇敢、爱国的精神风貌。

《胜利的开始》是纪念台儿庄战役胜利的歌曲，田汉词。星海用了两个小时写成。在举行庆祝台儿庄胜利的音乐会时，受到听众热烈的欢迎，要求返场。这首歌曲是星海第一次尝试将朗诵、独唱、合唱等形式融为一体，有一定的普及性，工人、农民、知识分子都能听懂，它也为冼星海后来大合唱的创作奠定了表演形式上的基础。

武汉时期，星海创作了较之以往更多的抒情歌曲，以及"抒情性与战斗性"相结合的歌曲，如《江南三月》(施宜词)、《做棉衣》(桂涛声词)、《三八妇女节歌》(塞克词)、《赞美新中国》(光未然词)等。通过抒情性的音乐，生动地反映了群众战斗生活的侧面以及他们丰富的内心世界。这一类群众歌曲也更多地吸收了民间音乐的音调和形式。

《江南三月》是为电影所写的插曲，如同《夜半歌声》等抒情独唱歌曲一样，冼星海以富于起伏的旋律进行与充满深情的、气息宽广的音调相结合，形成了他自己独特的抒情风格。

《做棉衣》是一首江南民歌风格的抒情歌曲。桂涛声从山西前线带回来歌词，内容为发动全国后方民众接济前方士兵棉衣。在跟随演剧队宣传工作中，冼星海每创作一首歌曲，首先要征求王莹的意见，请她先试唱，他凝神细听每个音符和节拍。然后再根据王莹和其他队友的意见进行修改，之后再分发给二队的伙伴们，请他们分头到各

百年巨匠

Century
Masters

冼星海
Xian
Xinghai

冼星海和王莹①

单位，边教唱，边征求意见，以便进一步修改。

《做棉衣》就是这样创作出来的，歌曲优美、亲切地刻画了民众的爱国深情。星海反复询问王莹，演唱是否感到别扭，歌曲是否表达民族感情，是否激发大众支援前方的热情，否则民众更不能唱了。在得到一些建议和仔细修改后，才定稿。这首歌曲的传唱度比较高，各地都在唱，士兵们也在路上行进时演唱。

---

① 王莹是演剧队主要女演员，负责全队宣传报道工作，冼星海负责音乐、灯光。王莹是20世纪30年代的新女性中出类拔萃的才女，被称为文艺界的"作家明星"、抗战歌星。在抗日救亡演剧队中，王莹和冼星海二人作为抗战作曲家与歌唱家的合作被誉为是珠联璧合，相得益彰。

延安的召唤

在武汉工作的时候，星海经常看到来自延安"抗大"（抗日军政大学）、"陕公"（陕北公学）的招生广告。接触到一些从延安过来的青年和学生，这些青年人努力刻苦、充满朝气和热情，他们对延安的介绍也强烈地吸引着他和钱韵玲。

1938年3月4日，星海在读了一篇报道《抗战中的延安》后，感到很兴奋，他在日记中写到：看到许多革命青年"在不断寻求真理和民族的解放"，自己在后方觉得"惭愧得多"，真怕自己会渐渐落后而"大不长进"。

延安（根据地）与国统区的对比，让他感慨："中国现在成了两个世界，一个向着堕落处下沉，而另一个就是向着光明的、有希望的上进。延安就是新中国的发扬地……"

星海甚至痛恨自己"还在好像进行着一种恋爱的生活，我应该想到自己的现实责任和将来的前途"。对自由和光明的向往，让星海不断地思考人生方向。与此同时，在第三厅工作中的宗派主义和涣散的工作状态，也让星海苦闷不已。在痛苦和徘徊中，星海想到了革命圣地——延安。

"但我不知道延安是否合我的理想？在设备方面，会不会比武汉差？在没办法中，只得去试试打听打听看。"

作为一个作曲家，星海最渴望的是能有安心自由的创作环境，以及相对的人身自由。第三厅对文艺创作的审查、删减，极大地限制了他的音乐创作，让他很受束缚。

正当星海想要进一步打听和了解延安的时候，延安鲁艺音乐系师生集体签名发出邀请，希望星海能到延安去。

延安虽然令人向往，毕竟未曾亲临其境，有一丝担心和犹豫也是难免的。在确认延安能够给予他一定的自由后，星海开始考虑奔赴延安。与此同时，由于战局失利，国民政府军委会政治部第三厅也准备撤退，迁往长沙和衡阳，星海也面临了去留的选择问题。去延安是一个重大的决定。

1938年9月8日，星海和钱韵玲讨论了"去陕北问题"。这时候，星海连续接到延安鲁艺的两次电报，他决定尽快出发。当然，他也还抱有试探新环境的想法，设想着如果不能适应时再"出来"。

星海应该不会想到，延安之行，将他的音乐创作推向了辉煌顶峰，也使他成为中国音乐史上一颗熠熠生辉的明星。

1938年9月18日，武汉纪念"九一八"七周年大会。星海在"新市场"指导战时戏剧讲习班歌咏。这天晚上，星海给钱韵玲写了封长信，明确地表达了去延安"创立事业和将来"的信心和勇气，以及对艰苦奋斗的成功和生命价值的追求，也对自己年轻的爱人提出了期望。

> 想到不久要到陕北的时候，那边给我们多少伟大的前途和希望！我也希望你一样地不和我分离，同在艰苦中奋斗，同在炮火中生长，使我们能够增强抗战力量，能够充实自己的生活和学识！不但在安逸里互相认识，而且更应在艰苦里互相了解，这样才是比较伟大的爱，而且是永远保持着的，是纯洁的。我爱你，但我更爱你整个灵魂，那伟大的事业就建基在这健全的灵魂里！要达到比平常人更伟大、要比平常人更有觉悟，你得要比平常人更忍耐和虚心，同时还得和环

境奋斗！一朵成功的花都是由许多苦雨、血泥和强烈的暴风雨的环境培养的。不是一朝可以破坏或失败的。换句话说，没有艰苦的奋斗，我们就没有成功。就没有更了解人生！韵玲，你这纯洁的女孩，你或许还没有感到我对你的期望。但你也该在这时代里开辟你自己的路，从艰苦中去学习。这样你的生命才有价值，才是属于群众的。我们到陕北去吧！那里可以给我们更多的勇气，那里可以使我们更了解真正的爱，再去创立我们的事业和将来。我也感到你更不应离开我，我也的确不能没有你。你给我许多慰藉和鼓励，你也可以使我勇往直前不顾一切地去奋斗。即使在一个像今天晚上这样冰冷似的黑夜里，我也不感到寂寞。只要有你，我一切都像有了把握，一切都有希望。

1938 年 10 月，冼星海去延安途径西安，摄于八路军办事处院内（前排左二为冼星海）

　　1938 年 10 月 1 日，在周恩来的安排和关心下，星海和钱韵玲离开武汉，奔赴延安。近一个月的颠簸和辗转，从武汉到洛阳，到达西安后停留三个星期。途中知晓武汉陷落，更增强星海的"抗战决心"。

　　11 月 1 日，在中国共产党的安排下，星海夫妇乘坐华侨捐赠的汽车，扮作侨商，躲过了被盘查的麻烦，越过国民党的封锁线。

　　11 月 3 日，星海到达革命圣地 —— 延安！

延安时期，星海不知疲倦的创作身影，深深地印刻在鲁艺人的记忆中："脚踩一双毛毡靴，身穿一套厚厚的旧灰棉衣，口里衔着大烟斗，烟嘴已经烧坏了，改插一支笔管在吸，他坐在铺着黑格毛毯的桌前，伏案沉思，纵笔谱歌……"

到了新天地

百年巨匠
Century
Masters
冼星海
Xian
Xinghai

自 1937 年卢沟桥事变后，国内革命形势日益高涨，中国共产党领导核心力量所在地 —— 革命圣地延安，吸引了一批来自全国各地的文艺青年、艺术工作者以及文艺团体，如上海救亡演剧第五队、第一队等。

为纪念上海"一·二八"事变和淞沪会战，1938 年 1 月底，救亡演剧队排演的四幕话剧《血祭上海》在延安上演，演出引起延安各界群众的强烈反响，毛泽东等党中央领导也对该剧给予颇高评价。在中共中央宣传部招待参加创作和演职人员的宴会上，有人提议，应该在延安成立一所专门的艺术学校，运用艺术这个有力武器更好地宣传、发动和组织群众参与抗战。

这个建议立即得到毛泽东等人的积极肯定。随后，毛泽东主席和周恩来副主席亲自领衔，并由林伯渠、徐特立、成仿吾、艾思奇、周扬等联名发出《创立缘起》，一所以中国大文豪鲁迅先生命名的艺术院校 —— 鲁迅艺术学院（以下简称"鲁艺"）宣告成立。

"鲁艺"是中国共产党为推动抗战与培养抗战文艺干部而创办的一所综合型艺术院校，设文学、戏剧、音乐、美术四系（部），其附属艺术教育分支音乐系，既有中国高等音乐教育初期发展的共性，同时也有根据地音乐教育特点，在中国高等音乐教育发展史上占有特殊地位。延安鲁艺造就了大量新型音乐人才（干部），开展了丰富的音乐活动，成为延安音乐生活的主导和中心，在新型音乐教育体制建设、音乐创作，以及民间音乐理论研究等方面均取得了开拓性成就。

1938 年 11 月 3 日，星海到达延安鲁艺，在鲁艺音乐系任教，翌年改任系主任。在延安鲁艺，星海转入繁忙的专业音乐教学和群众音乐活动，"中国共产党组织的关怀，高涨的群众革命热情，以及活跃的延安文艺生活"，触发了星海更加旺盛的创作灵感和创作热情。除了继续写作大量群

延安时期的冼星海

众歌曲外，他开始了一系列大型声乐体裁创作，《黄河大合唱》这样杰出的作品正是在延安时期诞生的。

巍巍宝塔山，滚滚延河水，延安曾是无数热血文艺青年向往的革命圣地和自由天地。一进入延安，"许多新鲜的印象都来了"，这是星海在南方和华中都没有见过的景象：错落或整齐的窑洞，像桥穹一样的石砌房屋，古旧的城房蜿蜒在山上 ……

星海到延安后，暂住在西北旅社。当时的延安鲁艺校址就在延安古城北门外的山坡上，教室、宿舍都在山坡上的窑洞里。刚到鲁艺，星海就受到了热烈的欢迎，延安各界文艺人士，星海的学生田方、吕班和上海工学团的同学们 …… 每日都有朋友来访。

延安虽然远离抗日战争的正面战场，却也不是那么平和安宁，敌机经常会偷袭轰炸。

到延安最初的几个月，星海常常要跑到山沟里躲避飞机的轰炸，有时候，躲了一天，飞机却没有来；有时候，飞机一天要轰炸几

宝塔山，作者摄于 2011 年

延安北门①

次，星海就得来回爬几次山沟。

星海经历了第一次飞机轰炸："日本飞机突然来轰炸，我刚走出房门要到防空壕去，炸弹已在头上丢下来，我赶忙卧倒，炸弹就在我面前炸开，房子都被炸到，我险些炸死！这次危险受惊不小。他们赶快给我搬家，我就住到北门外的鲁迅艺术学院去了。"

这次轰炸规模不小，死伤达一百多人。当时钱韵玲因为跑不快，慌乱中差点被躲避敌机的老百姓压伤，遭遇这样的险情难免会因此心生难过，但星海却没有太多的抱怨，他说："因为在战时的生活是不免有点难过的，但我也得沉默对

---

① 从这里可以看到耸立在远处宝塔山上的宝塔。鲁艺最早的校舍就在延安北门外的山坡上。照片中的站立者是作曲家黄准，曾是星海主持鲁艺音乐系第三期的学生。

延安山坡上的一个窑洞旧址，作者摄于 2011 年

付环境，使我们练成有经验、有魄力的青年！"

　　1939 年 7 月，为躲避日军的轰炸，延安城里的机关、学校等组织机构和老百姓全部迁到四乡，鲁艺也在 8 月搬到了十里外的桥儿沟天主大教堂。

　　这里是延安少有的平地，也是延安唯一的飞机场所在地，教堂旁边的院子里，两排窑洞式的砖砌平房，是鲁艺学生的宿舍。院子后面的小路两边有许多窑洞，两边的山坡上也挖了一排排窑洞，鲁艺的教职员就住在山坡上的窑洞里。

　　从桥儿沟大教堂鲁艺旧址眺望远处的东山腰，还能看见零星残存着的窑洞，星海曾在这片窑洞居住。窑洞"空气充足，光线很够，冬暖夏凉，像个小洋房"。在东山的一个大坡上，星海曾经集合抗战剧团的孩子，指挥五百多人的合唱队排练《黄河大合唱》。桥儿沟大教

百年巨匠

Century
Masters

冼星海
Xian
Xinghai

延安桥儿沟大教堂及远处的东山，作者摄于 2011 年

堂也提供了一个很好的排练和演出场所。

星海对延安和鲁艺的新生活逐渐适应。小米饭看起来金黄可爱，像蛋炒饭，可是吃起来没有味道，粗糙还杂着壳，但"吃了很久就习惯了"。鲁艺经常要开会，星海最初不是很习惯，因为他觉得"开会妨碍写作"。但是后来，星海逐渐认识到"这是对问题解决的审慎态度"和"考虑问题周到的需要"。因为"在开会时，大家交换了意见，不同的经过争论后又相同，因此就没有什么隔阂，容易团结"。对此，他也"慢慢也习惯了"。

延安的生活条件艰苦，物质资源有限，但是星海对这种简单朴素但自由安定的生活还算满意。他的日记里也更多地记录了一些日常饮食和花销用度等琐碎的内容。

星海在鲁艺音乐系工作，同时也在"女大"烽火剧团兼职教课，津贴比一般的同事多一些。日常饭食是南瓜小米饭，偶尔也能改善生活，吃到鸡肉、羊肉和白菜，有一段时间"每星期有两次肉吃，两次大米饭或面，常餐菜多加一个汤（别的机关没有）"。

这样的物质生活虽然不如在"上海、武汉"，但"自由安定，根本不愁生计，则是那里没有的"；比起留学法国的生活，"更好得多了"，在法国"冬天冷得没法，就到马路上跑步取暖"，现在"则在温暖的窑洞里埋头作曲"。在简单、自由和安定的环境里，星海陆续创作了一些大型声乐作品，它们是"反映抗战生活、具有民族特色的著名作品"。

星海的性格，耿直、真诚，没有世故和圆滑，不太会处理人际关系，但却有些小孩子气的倔强和好胜。初到延安时，他和音乐系的一位小提琴老师有些过节，在一次晚会上，他的小提琴表演被安排在这位老师的节目后面。星海于是带着不满和怨气演奏，琴弦都拉断了几根。因为对隔壁邻居的一位教授有些意见，在创作不顺的时候，星海会把从隔壁飞过来的小鸡打得四处乱飞。

当然，性格上的率直并不影响他的音乐成就，但在他担任音乐系主任的时候，"不善理政"却会给他的政务工作带来不便，也平添了一些怨气。刚当系主任的不久，星海让人通知系里开会，就因为"没有几个人出席而且叫也叫不齐"，星海生气地说："明天再开会吧！"

比起力不从心地忙于各种事务性的行政工作，他更适合做一名自由的作曲家。

在钱韵玲的回忆中，星海总是忙于各种音乐活动，不知疲倦：

> 白天给学生上课，也和大家一起上山开荒。傍晚，他经常手提马灯，翻山越岭，步行十余里路，到延安各处去教歌。深夜，又乘着晚风，唱着歌，走回家来。常常到十一二点钟

百年巨匠
Century
Masters
冼星海
Xian
Xinghai

了，他还坐在如豆的油灯下，面对窑洞沙沙作响的纸窗，或者从事音乐创作，或者编写教材。

超负荷的工作，经常也会让他觉得乏累，星海把疲倦写在日记中，但却从不停止工作的热情，在鲁艺的工作和生活给了他前所未有的成就感和幸福。对于饮食起居、柴米油盐等日常生活，星海既无暇顾及也不善打理，多亏了贤妻钱韵玲的悉心照顾和帮助，星海才有了更多的时间安心地进行音乐创作。

在平淡而温情的生活中，1939 年 8 月 5 日，星海和钱韵玲爱情的结晶 —— 女儿诞生了，星海给她起了一个非常好听的名字 —— 妮娜。初为人父，星海喜悦而忙碌地照顾新生的孩子，自己做饭、洗衣，照顾韵玲，夜不能寐。生活常态发生了巨大的变化，他的日记里写着"从五日始直至 …… 我都很忙"，一直到 9 月 10 日，一个多月，他无法安心创作，也没有写日记。

1940 年 5 月，星海离开延安，转赴苏联，冼妮娜还不满周岁。此后，父女二人也再没能相见，妮娜由钱韵玲独自抚养长大。

从 1940 年 5 月到 11 月期间，星海在西安等地辗转忙碌了 5 个月，写了很多封信给钱韵玲，事无巨细，关心备至，满载对她们母女的牵挂和对女儿浓浓的父爱。下面这封信截取自 1940 年 6 月 6 日，星海述诸笔端的牵挂，细腻而温存，使人动容：

> 延安必定很热，你得小心，不要常常出来，天热容易令人生病的。你的起居怎样？妮娜怎样？暑天宜多饮冷开水，对于疾病一定比较少些。妮娜有了奶瓶可以常常给冷开水给她喝。如果鲁艺托儿所还没有严格讲求卫生，请你不必送妮娜去。因为暑天最容易有传染病，尤其对于一般的儿童及不够一周岁的儿童。……你感到寂寞么？我劝你常常勤于工作、

打球、读书、参加各种活动和讨论会，你就不会寂寞的。尤其希望你多读点书，因我另有工作离开了你，你便可以得到多一些时间读书和做事。如果妮娜有妨碍你的时间，可以找一个小鬼(小战士)看着她。

1940年5月，冼星海一家

鲁艺音乐系第三期

延安鲁艺音乐系的发展分为两个阶段，初创阶段（1938~1940年）和专门化提高阶段（1940~1942年），共培养四期学员。第三期后期开始，冼星海开始担任系主任工作。

1939年8月至1940年4月，随着鲁艺自身提高发展的需要，师资力量逐渐充实，鲁艺提出"提高"的口号。与第一二届培养普及型音乐人才有所不同，第三期具有了培养"理论（创作）技术水准较高的专门艺术人才"的发展雏形。因为优秀学生较多，加之星海的到来，鲁艺出现了"音乐系著名的第三期"。

鲁艺音乐系第三期课程设置及教学，与前期相比发生了变化。第三期初期采取"四四制"，学习期限调整为4~8个月，正式开设初级班与高级班，高级班增加了"和声学""曲体分析"等作曲技术课程，开设"中国音乐史""音乐欣赏"课。

高级班分出作曲班和器乐班两个专业，在普及基础上进行分专业学习以利于专门艺术人才的进一步提高。第三届后期完全进入以培养专门人才为主的学习时期，冼星海任音乐主任，学制改为6个月。

为进一步提高学员的学习水平，星海从第二期刚毕业的学员里，挑选了李焕之、李凌、梁寒光、李鹰航等11人进入高级班，进行3个月的专门培训，为他们日后从事音乐创作奠定了良好的基础。

星海曾在《鲁艺第三期音乐系》一文中，概括了第三期的发展和成就：

1940年，音乐系师生第三期在东山窑洞合影

　　音乐系第三期所以比较好的缘故，是因为这一期改为"四四制"，比一二期多了几个月。合唱团也大规模发展着，曾经在本年2月间举行过五百人表演的《黄河大合唱》，是突破全国音乐界记录的。他们每月平均至少参加两三次晚会。这期音乐系参加或主持的晚会至少有十五次以上，在延安每月平均至少参加两三次晚会。这期音乐系参加或主持的晚会至少有十五六次以上，对延安各个歌咏团不但给以很大影响，而且还能起模范作用。第三期音乐实习晚会，每月预备举行两次，会后举行检讨。他们演出自己的作品，并且表演他们的指挥技能。这种晚会可以给他们实习的经验，而且使他们不少鼓励和进步。

星海看重学生的音乐基础，对于是否受过专业训练，并不是很在意。作曲家刘炽回忆当初在鲁艺考试的情景：系主任冼星海是主考，听完刘炽唱的《义勇军进行曲》后，让他再唱一首歌，刘炽便又唱了一首《救国军歌》，冼星海听完后，便宣布刘炽考中了。

任桂林面试时，冼星海先问他过去的经历，任桂林说自己是搞京剧和昆曲的。冼星海听了，颇感兴趣，便叫他唱一段昆曲。任桂林唱了一段昆曲之后，冼星海连连点头，说："你被录取了。"

星海教学热情很高，"他讲得很快，一连四五个钟头不休息，似乎想把他所知道的东西一下子都交给我们。"

在教学中，星海的创作观念也在影响学生，在帮助金紫光修改他创作的《青年大合唱》时，星海说："我们用外国的曲子配词的时代已经过去了。我们现在需要的是创作自己的东西，创作出反映民族革命斗争中人民大众心声的歌曲。"

马可、李焕之等学生，都在跟冼星海的学习中得到了较大的提高。李焕之为乔木的诗篇《青年颂》谱写的合唱曲，星海非常赞赏，让他拿到音乐系的合唱课去排练，他说："中国的多声部作品要多用对位法（西方作曲技术）来写，今后我可以教给你各种作曲的方法和样式。"

冼星海是一位具有较高专业音乐水平又极为负责任的教师。在鲁艺期间，他一方面要进行抗日救亡歌曲的教唱和创作，一方面还要进行音乐课程的教学，负责讲授"作曲法、自由作曲、指挥法与实习、曲体解剖"四门课程。

在缺少参考资料的情况下，星海为配合"民歌研究"的教学编写了《民歌研究》教材，1939 年 11 月 16 日完成，但未正式出版。

在《民歌研究》中，冼星海阐述了中国民歌的历史，从春秋战国时期的《诗经》《楚辞》讲到宋元明清的中国戏曲,从秧歌、各地域民歌讲到西洋民歌,从民歌的特点讲到如何研究民歌。还涉及欧洲中世纪音乐、古典主义音乐、浪漫主义音乐和印象主义音乐等内容。这部《民歌研究》的内容丰富、音乐范围广博,在当时的延安是几乎见不到。

星海着重论述了民歌的研究方法、如何创作民歌,以及民歌研究对中国新兴音乐的发展前途。对于民歌研究方法,冼星海指出,今后应该更加重视曲调与歌词的平衡,摆脱过去忽略曲调的错误做法,这对于利用民间音乐进行创作是至关重要的。同时,他还提出今后民歌创作的出路,应该"向中国旧有民歌学习"和"借鉴西方创作技法",他还启发学生利用西方复调技法,创作出合唱、对唱等多种形式的民歌作品。

冼星海与鲁艺音乐系教职员,在冼星海窑洞门前的土坡上,前排左起:马可、冼星海、向隅、李焕之;后排左起:张鲁、杜矢甲、唐荣枚

百年巨匠
Century
Masters
冼星海
Xian
Xinghai

在鲁艺音乐系的发展过程中，第三期不仅是一个承上启下的重要发展时期，也培养了许多重要的音乐人才。星海培养的作曲专业学生"王莘、刘炽、时乐濛、庄映、张鲁、李群、黄准、李焕之"等，在新中国成立后都成为有影响的作曲家。

1939年4月，刘炽考入鲁艺音乐系第三期，跟随冼星海学习作曲和指挥。刘炽自幼熟练识得"工尺谱"，对民间鼓乐也十分熟悉，在作曲方面，表现出很强的天赋。李荣功在《祖国与人民的讴歌者——作曲家刘炽》中描述了刘炽跟星海学习作曲的情形：冼星海要求学生每周必须交上一篇习作。刘炽第一篇习作是《陕北道情》，批语是"好"；第二篇习作是儿童歌曲《叮叮当》，批语是"很好"；第三篇习作是混声二部合唱《打唱歌》，星海在上面批了"非常好，我希望它传遍全国"。星海的鼓励，坚定了刘炽对于作曲事业的追求。新中国成立后，刘炽先后担任中央戏剧学院歌剧团艺术指导、中央实验歌剧院专业作曲家等，创作了很多音乐作品，相当多的作品流传至今，如《祖国颂》《新疆好》等。

时乐濛在参加歌咏运动中，即受到冼星海影响，开始学习指挥和作曲。1939年，成为音乐系第三期学员，主要学习作曲与指挥。1940年5月毕业后，留在鲁艺的音乐研究室工作，后担任鲁艺合唱指挥，并兼任延安女大、部队艺术学校教员，延安市音乐工作委员会主席，延安合唱团指挥等职。新中国成立后，时乐濛曾任重庆市军管会文艺处副处长、重庆市音乐家协会主席、川东军区文化部副部长、西南军区战斗文工团政治委员等职。业余时间坚持音乐创作，创作了《歌唱二郎山》《长征大合唱》《解放军大合唱》《祖国万岁》以及大型音乐舞蹈史诗《东方红》等代表性作品。

李群是鲁艺音乐系第三期年纪最小的学生。在鲁艺期间，她参加了多部作品的排练及各类文艺演出，如《军民进行曲》《生产大合唱》《黄河大合唱》等。由于年纪较小，毕业后继续在第四期学习。在延安学习期间，冼星海曾建议李群说："你可以写儿童歌曲，而且一定可以写好。"新中国成立之后，李群先后在中央音乐学院音乐工作团、中央歌舞团、中央民族乐团等文艺团体从事音乐创作工作，创作了许多优秀的作品，尤其是儿童歌曲方面，李群展现出了非凡的才华。

1938年，冼星海带领的"救亡演剧二队"到河南演出，与马可结识。受冼星海的感染，马可对作曲产生了强烈兴趣，并开始进行音乐创作。1937年，他放弃了河南大学化学系的学习，专门请教冼星海作曲技法，并跟随演剧队进行抗战宣传活动。1940年，经冼星海推荐，马可也来到延安鲁艺音乐系，"作为助教，一边协助音乐系的日常工作，一边进行旁听学习"。毕业后，他被分配到音乐部所属的音工团工作，后又被派往民众剧团担任音乐教员。马可的艺术成就集中体现在他利用民间音乐元素进行各体裁音乐作品的创作。在鲁艺期间，马可创作了《南泥湾》《夫妻识字》等作品，参与秧歌剧《周子山》《减租会》及新歌剧《白毛女》等创作。新中国成立后，任中央戏剧学院音乐室主任、中国音乐学院院长等职。

李焕之在1939年初从第二期学习结业后，由于学业成绩优秀，鲁艺音乐系当时又缺少教师，他被留校担任助教，承担"普通乐学"与"合唱"课程的教学。顺利完成3个月的学习后，以优异成绩留校任教，同时在第三期高级班跟随冼星海专门学习作曲。新中国成立后，担任中央音乐学院音乐工作团团长、中央民族乐团团长等职，同时兼任中国音乐家协会理论创作委员会的领导。李焕之在民族合唱、民族器乐等方面的成绩最为突出。

良师益友

星海在延安很受尊重，门庭若市。他上课不拘形式，除了课堂之上，常常在一群学生围着聊天时，"就把知识传授给他们了"。他们无所不谈，往往通宵达旦。星海为人热情诚恳，找他修改音乐习作的学生川流不息，其他学生也经常去他家拜访，请他签名题字。星海都是有求必应，并鼓励他们努力学习，为中国的新音乐事业做出贡献。

星海与鲁艺同学们的相处，亦师亦友，他质朴、豪爽、谦虚、热情、平易近人。时乐濛在回忆星海在鲁艺的一年半时间里，同学们都非常强烈地感受到，从他的指挥、创作、排练实践以及和他聊天中学习到的东西更多，"甚至超过课堂"。

在创作中，星海写出的新作品，甚至其中的一段，常常"首先唱给饲养员、炊事员、同学们、干部、群众以至十二三岁的'小鬼'（勤务员）们听，征求他们的意见"。

星海始终以"大家给我的比我给大家的多"的气度，把聊天视作相互理解、相互学习的有效方式，常常不拘一格地和大家进行有益的聊天。

有一次，音乐系召开中国歌剧讨论会，结束之后，星海意犹未尽，在回东山窑洞的路途中，与送他回家的时乐濛兴致勃勃地继续聊：中国歌剧的创作和发展，既不能简单地采取民歌、戏曲、说唱或西洋歌剧的模式，也不能是各种东西的大混杂，应当是以我为主的各种因素、音乐文化的融合统一……

星海的观点和主张，潜移默化地启迪着鲁艺的师生，鲁艺后来的

"新秧歌剧"和民族歌剧《白毛女》创作上的实践，也证明了星海对发展新歌剧的远见卓识。

星海尤其喜欢第三期的一些学生，说他们将来是中国音乐界的骨干。跟学生们在一起，星海会经常跟他们讲自己的经历和故事，给同学们唱母亲教给他的广东民歌《顶硬上》，第三期音乐系的同学几乎没有人不会唱这首歌。著名音乐家黄准是星海在鲁艺音乐系第三期"最后一名学生"，她回忆星海和同学们在一起，为人和蔼，既是良师，又像兄长，却很少有"师长的威严"。

> 那时，我们围住他，坐在山坡上，专心地听他讲话、唱歌，心里头充满爱戴。他虽然才华横溢，为人却没有一点架子，对我们这些学生，爱护备至，和我们的关系非常亲密，如师如友，如父如兄。他知道我们这些学生大都没钱，每月只发一块钱的津贴费，所以经常把我们请到他住的窑洞里，拿些糖果、红枣招待我们，有时还给我们烧红烧肉吃，简直就像过年一般。他知道，在我们平时的饭菜里，可是连油沫星子也少见啊。

在教学上，星海不仅传授音乐技术，也传播新的音乐思想。他倡导中国的新兴音乐是"中国的、民众的、通俗的，要有新的旋律、和声"，他"强调中国音乐的民族化""重视抗战歌曲"，通过音乐理论课，星海为同学们"指引创作方向"。

星海主讲的"自由作曲"课也从不拘泥于欧洲专业音乐教育模式，灵活生动，注重启发。

"没有内涵就没有思想，只讲技术的作品是没有生命力的"，星海要求学生一定要用"心"来表达音乐作品的内涵和情感。上作曲课时，用音乐的思维来思考创作，用音乐的语言来表达感情与情绪，他反复强调"要用想象去感受去触发你的乐思，而后形成音乐的形象"。并且要求学生到生活中去感受去体验，然后才能创作出好的作品。他在上课时会出一些如飞翔、欢乐、悲痛、激奋等词语，让学生学习用音乐语言来表现这些情感。他和学生一起研究他们的作曲作业，分析如何使音乐的形象表现得更加准确与深刻。

星海在法国时兼修音乐指挥，在鲁艺，他的指挥课教学也是非常精彩和受欢迎的。在上海和武汉时期，因为快速普及救亡歌曲的需要，他只能简单快捷地教授和指挥一般的歌曲。

在鲁艺，星海得到了深入开展专业指挥教学机会，同时也通过指挥大型合唱作品，将自己的指挥才能较为充分发挥出来，从而培养和影响了一批学生。星海能够充分调动乐队和合唱队员的情绪，也特别善于处理庞大的合唱作品。

延安鲁艺教学条件比较简陋，但星海会想办法努力克服困难，并以"生动形象，幽默风趣"的教学方式，让同学们快速地理解和学习。音乐系第二、三期学生李焕之、黄准对星海的专业指挥和教学水平进行了如下描述：

> 星海同志的指挥方法是十分有生气、有活力的，虽然他自己的歌声并不响亮，有时还唱得不太准。但这无妨，因为他善于引导演唱者去获得丰满有力的歌声，他善于启发演唱者对于作品的理解，他善于使演唱者精神关注。对于一个作品的演出，他首先是要求力量，要求情绪饱满，至于作品的细节是否清楚那是次要的问题。他更善于处理庞大而突击式的演出。
>
> 他挥动双臂所带动出的那种音乐感觉，在我们眼中简直潇洒极了。他的指挥不仅能充分地表述出乐曲的思想感情，调动每一个乐队队员和合唱队员的情绪，并帮助大家理解

百年巨匠
Century
Masters
冼星海
Xian
Xinghai

> 作品。当他挥动起他的双臂时，他指挥的姿态风度也特别地令我迷醉。他除了讲解指挥的基本理论外，特别注意形体训练。然而在延安那么艰苦困难的条件下，根本没有训练形体的镜子。…… 当时就是一面可以照到一个人的小镜子也没有啊。怎么办呢？星海先生真是一个十分幽默的艺术家，他把自己充当镜子，常常把学生那些奇奇怪怪的姿势模仿给你看，引起大家的哄笑，而就在这轻松活泼的气氛中，使我们懂得自己的毛病出在哪里，并有效地加以改正。

星海不仅在鲁艺音乐系任教，并在延安女子大学、青年干部训练班、烽火剧团兼职任教，帮助延安其他院校和文艺团体进行音乐培训及创作活动。

除了在鲁艺音乐系的教学，星海还兼任延安其他一些学校和团体的音乐教学和指导。中国女子大学成立了音乐组并开设了音乐选修课，学生可以通过报名参加音乐组的形式学习音乐，星海被聘请担任主讲教师。

星海在女大教唱歌曲和指挥，讲授音乐知识以及中国音乐运动史等。女大在延河北边，距离鲁艺有十几里路，女大的正课一般都在白天上，音乐作为副课，安排在晚上。所以每次去女大去上课，他都要花费很长时间走夜路，也要很晚才能回去。

李一非回忆，平常星海都是比学生早到教室。但有一次，学习班的同志等了很久，星海都没有来。几个很执着的同学等了三个多小时后，风尘仆仆的星海“睫毛上都粘了尘土”，手里还拿着一个树枝做的木棍，说是走夜路准备用来打狼用的。星海歉意地告诉大家迟到的原因，是因为想走捷径而翻山越岭，结果却迷路了：

> 我计算桥儿沟和女大之间的方位来看，只要穿过几个山

百年巨匠
Century
Masters
冼星海
Xian
Xinghai

头就可以到了，那样比走公路绕十几里路要近得多，但是由于我对路线不熟悉，绕山崖山峁，越走越远，迷失了方向。最后只好找一条路走下来，我们（还有一个同伴）已经走了两个多小时了，可是仅仅离桥儿沟只有几里路。我们又紧紧地赶路，才赶来了，时间已经晚了，很对不起。

在山里走夜路，的确有遇到狼的危险。星海在日记里记载过，晚上常听到狼的叫声，或是在窑洞门口啃骨头的声音。星海是非常认真的人，这次以后，星海再也没有耽误过课。女大的学生"音乐理论知识进步较快"，音乐组后来还曾参加星海指挥的500人的《黄河大合唱》排练演出。

星海是延安烽火剧团（乐队）的奠基人。到延安后不久，烽火剧团两位酷爱音乐的同志 —— 朱仲夷和林方，就去拜会过星海。星海平易近人和对音乐的热爱，给他们留下了深刻的印象。

烽火剧团里缺少音乐人才，只有朱仲夷识谱懂音乐，星海对受邀去剧社授课欣然同意。星海于是成为烽火剧团的兼职音乐教员，烽火剧团乐队的成长与星海的帮助和指导也密不可分。李长华曾经是烽火剧团的成员，他撰写过一篇长文回忆星海与烽火剧团的深厚渊源。

烽火剧团原来没有乐队，经朱仲夷的申请，获得领导批准，后来到西安买了30多件民族乐器，"大三弦、小三弦、坠胡、京胡、笙、木管、大锣、大镲、铃铛、梆子、云锣、简板、京戏板鼓、堂锣、京锣、手锣、京戏大小锣、木鱼、笛子、口琴"。但是，剧团里除了任青发会三弦外，其余同志都不会，为了增强演出效果，朱仲夷指定了几个人自愿选择一样乐器练习。星海见到这些乐器后，虽然觉得"老旧"但完全可以利用。

在他的帮助和指导下，乐队几个月就取得了惊人的成绩，听取星海的建议后，乐队也增添了一批新成员，达到了 20 名的中小规模。后来，星海还鼓励大家自己动手做乐器，提高乐队表现力，全团制作大小乐器近百件，大大提高了演出水平。

1939 年春，烽火剧团与鲁艺都搬到桥儿沟以后，星海几乎天天到烽火剧团教授乐理、指挥和乐器演奏。星海非常注重音乐基础技能和知识的学习，"只有打好基础才能较快地发展，演奏技巧才能稳步提高"。

对于乐理知识，星海结合识谱、唱谱开始教学；对于乐器演奏，从掌握音符、节拍和音准、指法、弓法学起。他要求大家多练习，一个音一个音地练，一段一段地练。练习乐器演奏时，星海手把手一个一个地教，逐一纠正，一次次地做示范，强调指法、弓法的统一。

在星海的指导下，乐队同志进步很快，音乐水平有了很大的提高，会使用各种乐器，学会了认识简谱和转调等音乐技术。

朱仲夷买到一把缺弦的小提琴，星海把自己保存的琴弦给配上，手把手教会他"上弦、定音、给弓子打松香"，还教会了朱仲夷、张双虎等 6 位同志演奏小提琴，他们也成了烽火剧团的好提琴手。

在忙于为《黄河大合唱》的修改和排练而工作到深夜时，星海还坚持为剧团的话剧谱曲，按时看《九一八前后》的排练，因为"要看完全剧，要不没法配曲"。

萧劲光司令员来看排戏时，了解到星海昼夜不停地工作，身体还不太好，对剧社领导作了指示，按照烽火剧团教员的标准给星海工资和配给，还给星海找了一个安静的窑洞，安排勤务员帮助星海料理生活。

在烽火训练队结业的大会演中，烽火剧团乐队演奏了《黄河大合唱》，得到了萧劲光和周扬等人的赞扬，"延安有了个好乐队了"，"这都是星海的功劳"。但星海却没有以此居功自傲，他说这都是乐队全体同志努力的结果：

这些年轻人有多好哇！正规学校两年的训练也达不到他们的水平啊，我太喜欢他们了，抗战胜利了，不打仗了，我一定要帮烽火剧团建立一个管弦乐队。

星海被委任为鲁艺音乐系主任后，不仅要承担音乐创作、教学活动，同时还要组织和排练许多重要的音乐演出。经常集"作曲、指挥和导演工作"为一身。延安当时的文艺演出比较少，鲁艺是文艺演出的主力，所以一次排演的剧目和节目，一般都会演出十几次，让延安所有单位都能观看。

黄准在鲁艺音乐系第三期学习，她在自传中描述了参加排练《生产大合唱》的情景：星海既是作曲又是指挥，又要指挥场面调度，还要对每一个演员进行指导。对于我这个扮演"羊"的小姑娘，该怎么跟着音乐"咩咩"地学羊叫，又怎么跟着节拍学羊走，费了不少口舌，他甚至还亲自把两只手放到地上，弯着腰弓着背，一扭一扭地教我们怎样学羊走路，每一次教完，总引起我们这些学生的哄堂大笑。

1939年4月11日，冼星海组织了延安第一次音乐大会。演出单位包括鲁艺、抗大文艺工作团，抗大五大队，抗敌演剧队第三队等。6个大中型节目，其中，星海指挥《生产运动大合唱》，抗敌演剧三队指挥演出《黄河大合唱》，鲁艺表演了《船夫曲》《打到东北去》《生产运动大合唱》等节目，并派出50人表演合唱，在规模上突破了之前的所有演出。

抗战初期，鲁艺在延安的文艺活动中非常活跃，当时的晚会任务很繁重。音乐系除了日常教学外，要进行各类晚会节目的排练与演出。第三期的学员，"每月平均至少参加两三次晚会，这期音乐系参加或主持的晚会至少有十五六次以上，对延安歌咏团不但给以很大影响，而且还能起模范作用。"

自由创作

教学之余，星海有了更多自由和完整的创作时间。延安相对稳定的政治环境和活跃的文艺生活，为星海的艺术创作提供了有利条件，鲁艺时期成为他创作最为旺盛的时期。

星海不知疲倦的创作身影，深深地印刻在鲁艺人的记忆中："脚踩一双毛毡靴，身穿一套厚厚的旧灰棉衣，口里衔着大烟斗，烟嘴已经烧坏了，改插一支笔管在吸，他坐在铺着黑格毛毯的桌前，伏案沉思，纵笔谱歌……"

他先后创作了《张曙先生挽歌》《生产抗战》《说打就打》《路是我们开》《一二九纪念歌》《军民曲》《纪念五一节》等作品。

生活既安定，也无干涉和拘束，我就开始写大的东西。

1935 年开了头的《民族交响乐》在安静的窑洞里完成了。其他的歌剧《军民进行曲》，大合唱等，都能连续地写下来。

除了延续群众歌曲的创作外，有了较为充分的创作时间和积累的创作经验，冼星海怀着极大的创作热情开始探索大型声乐体裁，先后创作了歌剧《军民进行曲》《生产运动大合唱》《黄河大合唱》《九一八大合唱》《牺盟大合唱》，以及无伴奏混声四部合唱《满洲囚徒进行曲》等。

延安时期，星海的音乐思想进一步成熟和发展，先后发表了《鲁艺与中国新兴音乐》（1939 年 4 月 29 日）、《抗战中纪念聂耳》（1939 年 7 月 7 日）、《中国音乐的民族形式》（1939 年 11 月）等文章。星海的音乐思想始终建立在如何创造和提高中国新音乐的发展上，并且不断通过自己的音乐创作进行探索和实验。他的音乐见解，对中国新音乐的发展也产生了一定影响。

关于中国音乐的民族形式，星海说道：

> 我们要改良固有的古乐，使这些古乐经过现在科学的改造，能够应用在乐曲里面，表示着更民族化的音色。明清雅乐里面采取的乐器如九云锣、笙、管子、唢呐、海笛、横笛、箫、洞箫、二胡、双琴、三弦、怀鼓、单皮鼓、堂鼓、大锣、齐钹、大钹、板等都可用。我们再能加入敲击乐器如钟、磬、琴、瑟、簫、簏、筦、簧、缶和各种中国的鼓，能发生特殊音色的土鼓、县鼓、鲁鼓、薛鼓、贲鼓等，还有木鱼、竹板、骨扇等，能配合现在西洋所用的进步乐器，必然地可以产生更奇伟的中国新的民族音色。……要发明中国的新和声原则和它的应用，实现新的民族形式，从中国民族固有的调和律去找出新的调和律来。

在《鲁艺与中国新兴音乐》中，星海指出："我们必须：（一）从实际生活中建立起创作新兴音乐的作品；（二）从创作经验里建立起新兴音乐的理论；（三）为着扩大影响，我们要组织更广泛、教育更多量的干部。"

在《民歌与中国新兴音乐》中，冼星海强调"音乐工作者应该深入民间，尽量收集各省各地的民歌，与大众生活在一起，同他们一块儿唱和，考察他们的生活，用记谱法精确地记录他们的曲调与歌词"，"我们研究民歌就正是为了要去更真实、更生动地反映大众的生活、习惯、语言。……并且吸收民歌的优良艺术要素，来创造更丰富的、伟大的、最民族性，同时也是最国际性的歌曲和器乐曲"。

冼星海非常尊重聂耳，也重视他所开辟的革命音乐道路。在讲"中国音乐运动史"这门课时，他强调"一定坚持以聂耳逝世的日子为中国的音乐节""音乐节是人民大众的节日，绝不能由其他代表资产阶级的音乐家或代表小资产阶级的音乐家的纪念日来做人民音乐节的节日"。

离开延安时，他还嘱咐鲁艺的同学们，"在这个问题上一定要坚持，不能妥协，不能含糊"。

星海在延安创作的第一个大型声乐作品是一部小型歌剧。1938年12月，星海为王震之编剧的《军民进行曲》创作音乐，歌剧很快就排练演出。首演并不是很成功，星海"整整指挥了几个钟头"，演员却"没有和音乐伴奏配合好"。在演出后的座谈会上，大家对这部歌剧给予了肯定，但也有部分音乐教师批评作品"有西方教堂福音书的痕迹，不够大众化"。

这部作品确实有点"洋味儿"，但它是星海探索大型声乐作品民族性的开端，对于不同的声音，星海坚持自己的艺术观点：

> 我还是坚持这样的作风，这就是吸取欧美进步技巧，利用中国固有喜闻乐见的旋律，用简单和声配以中国和西洋乐器，尤其多用打击乐器，使作品本身就为大众化、民族化、艺术化的统一艺术。

抗战爆发以后，为民族存亡而斗争成为这阶段音乐创作的中心主题。在作品的形式方面，民族化、大众化

冼星海在延安窑洞中

问题开始引起音乐工作者的普遍重视。许多新创作在音调上和乐曲结构上也可以看出明显地受到各种民间音乐的不同影响。

从延安的文艺发展环境看，1938年末，毛泽东开始提倡文艺创作要创造"为中国老百姓所喜闻乐见的中国作风和中国气派"问题，引起解放区音乐家对新音乐民族形式问题的讨论。

星海非常重视音乐创作的民族风格和中国气派，他随时随地在收集民间音乐，积累各种创作素材。他经常向前来拜访的各地的学生和朋友，询问他们会唱哪些家乡的民歌，收集和记录了许多不同地区和风格的民歌。他还曾到日本战俘营，向战俘记录日本军歌和民歌。

1939年间，鲁艺作为延安歌咏运动的中心，在"对艺术的大众化和民族形式的创造上"，取得了较大的成绩。以冼星海为代表的鲁艺音乐家，在探索新音乐民族风格的音乐创作上，取得了初步成就。

在鲁艺音乐系的教育方针中，"研究中国音乐遗产，接受并发展之"被列为一项重要内容，除了在教学中体现有关民间音乐内容，音乐系师生自发组织成立民歌研究会[①]，进行有关民间音乐收集、整理和研究活动，具有重要意义。

星海在《我的学习经过》一文中，总结了鲁艺中国新音乐建设的两个成绩：一方面是具有民族化风格的歌曲的创作，另一方面则是对于民歌的采集、整理。

[①] 1939年3月，在鲁艺音乐系主任吕骥的倡导下，音乐系高级班发起成立了。以民歌采集、出版和研究工作为开端，鲁艺的民间音乐研究进入了一个有组织、有规模的系统化发展进程。同年10月，民歌研究会即改名为中国民歌研究会。1941年，改名为中国民间音乐研究会。

星海的大型声乐体裁创作，以套曲形式的大合唱最重要。第一部具有"中国气派"的成功之作就是《生产运动大合唱》（塞克词）。

1939 年春，在毛泽东的号召下，鲁艺开始了大生产运动，全体教职员、学生都要参与开荒。诗人塞克也在酝酿以"笔耕"来促进大生产运动，当他向星海求教歌词时，星海建议他改变抗战以来"冲啊、杀啊"的普遍歌词作法，写个"厉害"的歌词。

塞克很快就构思了一个大型的、新颖的、有气魄的作品，歌词内容具有质朴、大众化的民族风格。

根据塞克歌词的结构和设想，星海用六天写出总谱。《生产大合唱》以载歌载舞与戏剧表演相结合的方式分场演出，是表演性的大合唱，也有学者称它"是一部有人物、有布景、有简单情节的大型歌舞活报剧"。作者通过几个劳动生活的场面，反映边区人民在中国共产党的领导下蓬勃开展的生产运动。

全曲共分"春耕""播种与参战""秋收""丰收"4 场，分别采取了"合唱""独唱与儿童合唱""混声合唱""独唱与大合唱"四种音乐表现形式。

整个作品的音乐主要是建立在民歌及民间歌舞音乐的基础上，同时加入了一些对农村情景的描绘。作品音乐风格清新明朗，构思大胆新颖。尤其是独唱《二月里来》、儿童合唱《酸枣刺》两个作品，具有浓郁的民族风格和鲜明的音乐形象，后来常常被单独抽出来演唱。

演出条件简陋，在乐队和配器上，星海因地制宜，"三把小提琴、一架风琴、五六把二胡、一个三弦"，甚至把中国民族打击乐器也应用起来，为了增加低音效果，有人还用油箱制造了一个低音的二胡。这样一个从没有过的中西乐器混合的乐队，竟也获得了一定效果。

1939 年 3 月 21 日，鲁艺在陕北公学预演《生产大合唱》，获得了

百年巨匠
Century
Masters
冼星海
Xian
Xinghai

很大的成功。星海在预演当天的日记里写道："演出效果很好，成绩可观，尤其是音乐受到人们的欢迎！打破延安音乐界记录！开展中国新音乐的前途。《生产大合唱》是出现的一种新形式和新生活，比过去的音乐完全不同，而且带有民族意义。"

这是星海尝试以民族化风格创作大型声乐作品的开始，也为探索《黄河大合唱》进行了良好的铺垫。

《生产大合唱》"大众化、节奏鲜明、愉快，曲调动听，能接近大众的生活习惯……在形式上也非常自由"，但毕竟还是一个吸收歌

鲁艺师生上山开荒（右一冼星海）

剧、活报剧的化妆表演，内容和深度有限。从作品的整体性看，全曲在表演风格上不够统一，结构布局也不够集中，其中有些部分的音乐，离开了舞台的表演就失去了独立的意义。

星海认为，它"没有发挥我最高度的技巧和创作水准。不过是在很短少的时间内写成的，还待后来修改整理"。

很快地，星海就创作出了一部能够发挥他"最高专业音乐技巧和创作水准"的大合唱作品。

1939年3月26日至31日，星海创作了他一生中的杰作——《黄河大合唱》，中国音乐史上里程碑式的巨作。这部真正意义上的大合唱，以光未然的《黄河吟》长诗为题材，以黄河两岸人民生活为背景，围绕救亡的主题，综合运用"独唱、齐唱、对唱、重唱、轮唱、合唱"等形式，并以朗诵词穿插8个乐章，音乐主题贯穿发展，首尾呼应。

整部套曲激情跌宕，各乐章相互独立又完整统一，有丰富的对比性和严谨的结构形式，是具有时代性、民族性、史诗性的"交响大合唱"。这部作品的具体创作、演出和艺术成就与影响，将在后文另述。

1939年9月，冼星海创作了第三部大合唱《九一八大合唱》（天蓝作词），这部是为纪念"九一八"八周年而创作的"故事性的音乐"，采用交响性、回旋性的结构原则，而又与传统戏曲、说唱板式变化手法相结合。

全曲由5个乐章构成，叙述了中国人民的抗日斗争，斗争胜利的欢欣，以及对东北沦陷区人民苦难生活的同情。作品以两个相互对比的主题形象连贯：一个充满兴奋、欢乐、活跃的情绪，象征着人民坚强的抗战意志和抗战必胜的信念；另一个主题充满着深沉、痛苦、怀念的情绪，象征着沦陷区内处于敌人蹂躏下受难同胞的痛苦，以及全国人民对他们的怀念和关切。这部作品在运用民族打击乐和民族乐队的配器方面进行了有创意的探索。

冼星海还创作了《三八歌舞活报剧》，以及合唱《牺盟大合唱》《满洲囚徒进行曲》等大型作品，但这些作品的重要性和实际的影响都不如前述几部作品。

冼星海的这些大型合唱套曲在创作思路上不尽相同，但在结构上都遵循多乐章的大型声乐套曲的模式，使用独唱、重唱、对唱、齐唱与合唱（有时穿插朗诵）等的演唱形式，并且都称为"大合唱"。

百年巨匠
Century
Masters
冼星海
Xian
Xinghai

174

黄河大合唱

　　"合唱"这一艺术体裁在中国的产生相对较晚，最早可以追溯至20世纪初叶的学堂乐歌时期，李叔同创作的《春游》(1913年)。20世纪20年代末，中国开始出现了多段大型合唱套曲，如萧友梅的《春江花月夜》和赵元任的《海韵》，黄自的清唱剧《长恨歌》等。这些具有较高专业水准的作品，更多的是在音乐院校和部分知识分子中间传播，在当时的影响范围非常有限。

　　1939年3月，冼星海在延安相继创作《生产大合唱》《黄河大合唱》。以这两部作品为起点，掀起了可以称为"延安合唱运动"的热潮。"大合唱的创作很快形成了一种普遍的气氛"，涌现出了郑律成、李焕之、马可、杜矢甲等多位合唱音乐创作成就突出的师生。

　　同一时期，延安鲁艺教育体制转变为培养专业音乐人才，在一定程度上也有力地促进了音乐创作的专业化提高和向大型体裁的拓展，首当其冲的即是已经由冼星海成功开拓的大型声乐创作。

　　《黄河大合唱》的创作产生、排练演出过程与这部作品的影响，像一个紧密联系在一起的有机整体，体现了星海蕴藏已久的极大创作才能与音乐成就。

　　1939年2月，诗人光未然因为行军坠马受伤，跟随抗战演剧队第三队到延安治疗。作为合作已久的老朋友，星海赶到医院探望，两人再度谈到了合作。不久，由演剧三队的胡志涛笔录，躺在病床上的光未然口授，将自己两次横渡黄河与沿河行军感受，以及由此激发的民族自豪感与抗日救亡的激情，写成长篇歌词。歌词写好之后，立即请星海到西北旅社窑洞开了一个小型朗诵会。星海听完这首长诗，兴奋不已，当即表示：我有把握把它写好！

在星海熬夜创作这部作品的几天当中，光未然每天早上都派田冲、邬析零探问创作成果，每次带回一首新曲。星海也对他们再三叮咛：可以随便改。星海曾不厌其详地要求邬析零叙述那一次渡河的经历，追问细节，让他模仿渡河时听到的"船夫号子"。

《黄河大合唱》中的"黄河颂、黄河怨"受到的"挑剔"很多，星海几乎全部重新改写。

经过6天的日夜突击，反复琢磨和修改，星海完成了《黄河大合唱》的全部曲调。又用了一周，在一面参加大生产劳动和其他活动的情况下，写完了全部的伴奏音乐。邬析零讲述了星海创作《黄河颂》的过程：

> 大约在三月底的一天傍晚，我又到了星海同志家里。他正坐在小矮凳上，把谱纸放在膝盖上，凑着菜油灯的暗弱亮光谱写《黄河颂》。
>
> 一见我进去，他兴奋地站起来说："今天你来的正好，八个歌子，我已写好了七个。"他顺手从桌子上拿起一本厚厚的用简谱写的《黄河大合唱》的总谱稿本对我说："我写的很顺利，除韵玲帮我划格子外，连写带抄才用了四天时间。就是这首《黄河颂》太难写了，我谱了三个，但一个也不能令我满意。今天我写了一整天《黄河颂》，到现在还没有完成。一看到'颂'字，马上就联想起宗教的弥撒曲。我在努力摆脱宗教颂歌的影响，我一定要新创一种既有中国民族风格特点，又能表现新的时代情感的颂歌旋律。……昆曲里有些

旋律带点颂歌味道，但不能表现出黄河的伟大战斗气概"。

他把写好的全部乐谱从头到尾的唱了一遍，有时我们二人合着一起唱。每唱完一段，他就为我分析歌曲的情感内容，阐述他的创作意图。那一晚我们唱的不少，谈的也不少，我回到家时已经是后半夜了。

过了一两天，我得到了《黄河大合唱》的全部清稿，全队立即投入了紧张的排练过程中，星海同志还常来指挥。

光未然在回忆星海这段创作经历时，描述了星海在夜以继日的兴奋状态中写作，以及作曲家可爱而独特的创作习惯：他的工作毅力是惊人的，一开始写作就不愿休息。偶尔斜躺在小床上抱头沉吟了一下，忽地又起来振笔直书，他的头脑里仿佛有无尽的乐语的泉源，刷刷地迸流出来，这就使他经常处在一种兴奋得无法自抑的精神状态中。他不抽烟，爱吃糖，写作时以糖果代烟。延安买不着糖果，他要我买两斤白糖送给他。大包的糖果放在桌上，写几句便抓一把送到嘴里；于是一转瞬间，糖水便化为美妙的乐句了。

《黄河大合唱》是冼星海最杰出的、影响最大的一部大型声乐套曲。"这部作品以黄河为背景，热情歌颂了具有悠久历史的伟大中国人民坚强不屈的战斗意志，多侧面地描述了在抗日战争前后人民生活的巨大变化，痛诉了敌人的残暴和人民所遭受的深重灾难，最后又以惊人的笔墨勾画出群众纷纷起来保卫祖国、反抗敌人的壮丽情景，整个作品自始至终充满了激动人心的情感力量和雄伟浑厚的气魄。"

全曲包括序曲和 8 个乐章，以朗诵及乐队串联在一起。各乐章相互独立并形成有机整体，在内容、形象以及表演形式等方面对比鲜明。整部套曲建立于"抗战、爱国"的基本主题思想，前后连贯、相互补充，情感发展逐渐高涨，直至全曲感情最高点作为终结。因此，全曲在形象的展开和在情感的发展上，始终非常严密、统一，是一气呵成的。

作品的音乐风格及其音调来源方面，主要是以群众歌曲作为基础，并吸取了许多民间音乐的元素。星海在上海和武汉时期的救亡歌曲以及抒情歌曲创作实践，积累了丰富的经验，甚至不乏"构思奇妙、风格独特"的佳作。《黄河大合唱》的成功，与这些歌曲创作有着密切的关系。

《黄河大合唱》中，部分歌曲是带有某些优秀抗战歌曲的特点基础上的创新，如《黄河颂》与《延安颂》；《保卫黄河》与《打到东北去》；《黄水谣》与《延水谣》；《黄河怨》与《铁蹄下的歌女》；《河边对口曲》与《张老三》等等，它们之间有着某种内在的联系和相似性。

《黄河大合唱》各个乐章虽然都有各自的主题，但是整个作品的旋律发展，基本上建立在这些核心主题基础上：《黄河船夫曲》《保卫黄河》的主题，象征着斗争和力量；《黄河颂》的主题，象征着中华民族精神的宽广崇高和自由奔放；《黄水谣》的后半部《黄河怨》，象征着中国人民所遭受的苦难；《怒吼吧，黄河》的两个对比性主题，表现中国人民苦难、坚强不屈的性格和对最后胜利的信心。

在创作方法上，这部合唱作品具有典型形象的丰富性和相互对比，注重风格结构的内在联系和集中统一，体现了辩证统一和交响性的发展原则。

在《我怎样写〈黄河大合唱〉》一文中，星海介绍了这部经典之作的内容主旨和音乐风格。

《黄河大合唱》的《序曲》部分是星海后来在苏联时期补写的，以管弦乐曲形式对音乐基本主题作了概括性的呈示，展现黄河的波澜壮阔、气象万千。

　　第一乐章《黄河船夫曲》是一首惊心动魄的混声合唱。呐喊般的音乐，描绘黄河船夫在惊涛骇浪中的驶向河岸的情景。音乐素材吸取了北方民歌和船夫号子的音调与节奏，贯穿全曲的是以从船夫号子中提炼的主导动机，富于动力性的发展，"充满战斗的力量"。三个对比和呼应的段落，"开首的紧张情形，是船夫们渡黄河时和波涛挣扎的情形"；中间部分是抒情的慢板，船夫们"走近河岸的时候，充满着愉快、希望与光明"。最后两句，"象征斗争的不断性"，紧张的船夫号子再次出现，力度逐渐减弱，船夫们驶向远方。"整个的歌曲，写出了一个斗争的运动过程"。这一乐章的音乐内涵象征了中国人民不可战胜的坚强意志和乐观精神，以及艰苦斗争之后的必胜信念。

　　第二乐章《黄河颂》是一首男中音独唱歌曲，颂歌是篇幅与规模较大的一种歌曲体裁。歌词本身高度概括，充满激情和哲理性。歌声悲壮，"带着奔放的热情，高歌赞颂黄河之伟大、坚强""在伴奏中可以听出黄河奔流的力量"。歌曲采用三段式结构，第一段采用3/4和4/4的节拍，开始由乐队奏出一个"音域宽广、旋律悠长"的引子和主题，显示了黄河的雄伟气魄，男中音歌唱了黄河的源远流长，中华民族的悠久历史。中间段落变为2/4节拍，从"啊，黄河"开始，以更为饱满的热情，歌颂中华民族的伟大精神和坚强性格，大段的咏叹之后，插入"宣叙调"似的朗诵性乐句，同时大胆借鉴了戏曲的"甩腔"手法，"啊，黄河"的音乐更加富有激情和挺拔昂扬，达到全曲高潮。第三段的音乐，再度回到平稳的4/4拍，气息宽广，如滔滔黄河奔流而下，气势雄伟，象征着广大人民对黄河的歌颂与对祖国的深厚感情。

　　第三乐章《黄河之水天上来》是一首配乐朗诵。星海尝试以三弦作伴奏，"歌词的内容全由三弦表达出来"。伴奏中除了黄河的波浪澎湃声外，蕴含了《满江红》和《义勇军进行曲》两首歌曲的主题音乐。这一乐章讲述了民族的灾难，歌颂了民族英雄。由于演出效果原因，今天在音乐会上，常常省略这一段。

第四乐章《黄水谣》是女声二部合唱的民谣式歌曲，"带痛苦呻吟的表情"，也"充满着希望和奋斗"。全曲是单三部再现曲式结构，第一段旋律优美、深情，歌颂了黄河两岸人民幸福的生活图景；中段转入悲愤的控诉与痛苦呻吟，刻画了敌人入侵后的"一片凄凉"景象；再现段落速度徐缓，情绪悲愤，凄凉中蕴含着奋斗的希望。这一乐章是整个大合唱的转折，悲剧性和戏剧性，矛盾与冲突由此展开。

第五乐章《河边对口曲》是男生对唱曲，采用山西、陕北的民歌音调，以中国打击乐器伴奏，极富乡土气息。歌曲以"一问一答的对唱形式"，通过两个被迫流亡异乡的老乡，在河边互诉痛苦流亡生活，反映了人民在战争中流离失所、国破家亡的灾难，最后共同奋起战斗的决心。"最后四段的两部合唱是用甲乙主调配合起来的。三弦和二胡代表甲乙的对唱和合唱，过门比较轻松有趣"。

第六乐章《黄河怨》是一首女高音独唱，这是一个被蹂躏的妇女凄婉悲惨的哭诉，"是含着眼泪来唱的一首悲歌"，感人至深。四个段落，第一段以下行级进的乐句，伤感却又平静的音调，"黄河仿佛也在呜咽"；第二段仍是下行乐句的低沉情绪，但节奏紧凑，以血泪控诉着不幸的命运、苦难的生活和日寇的欺凌，特别是"宝贝啊，你死得这么惨"这一句，曲调下降至最低音出现，音乐如泣如诉，让人肝肠寸断、欲哭无泪；第三段音乐情绪转至高亢，哭号、控诉与悲愤的宣泄；第四段，全曲的高潮所在，受害的妇女在投向黄河之前，呼唤"天边的丈夫""替我把这笔血债清还"，"债"字达到全曲最高音，撕心裂肺，从"悲愤"中走向死亡，对敌人的仇恨和抗争达到极致。这首戏剧性的咏叹调在中国近现代音乐史上比较少见，对演唱技巧的要求较高。

第七乐章《保卫黄河》是进行曲风格的轮唱曲，歌曲通过齐唱及两部至四部轮唱的"卡农"复调手法，"一起一伏，变化无穷"，刻画了中华民族的优秀儿女们前赴后继，奔赴前线"保卫黄河、保卫全中国"的壮烈场景。歌曲以中国五声性旋律写出，配以"龙格，龙格，龙"的民间音乐衬词，生动活泼，具有浓郁民族风格。

第八乐章《怒吼吧！黄河》是一首混声合唱，也是大合唱的终曲和高潮部分。"曲调诚恳和雄厚，充满热情和鼓励"，综合再现了前面几个基本主题。歌曲由"怒吼吧！黄河"这句气势磅礴的引子开始，之后转入复调手法——自由赋格段落，男女生高低声部绵延不断，音乐深沉、宽广，展现五千年的中华民族苦难历史。第三段音乐节拍变快，愤怒的情绪、战斗的号角、坚定的节奏，铿锵的旋律，以丰满的合唱汇集在一起。最后两句"向着全世界受难的人们，发出战斗的警号"，不断地重复演唱五次，力度渐强，速度加快，作品在乐队全奏和8个声部合唱的排山倒海的气势中结束。象征了中国人民反侵略战争必将得到全世界人民的支持，必将取得最后的胜利。

在音乐基础薄弱、物质条件极其缺乏的延安，《黄河大合唱》的演出经历了一些曲折和风波，演出内容和规模也有变化。乐器配备很差，鲁艺初期甚至没有一架钢琴，除了像小提琴、手风琴等便携乐器外，最多的是个性迥异的民族乐器，根本无法组成一支完备的乐队。

星海一方面试图努力研究这些民族乐器的特点，以弥补乐器配置方面的"缺陷"，另一方面，也会因地制宜地努力创造"音响配置全面"的乐队效果。就是在这样艰苦的条件下，星海积极乐观地克服困

百年巨匠
Century
Masters
冼星海
Xian
Xinghai

难，组织排练演出，《黄河大合唱》的合唱规模由几十人逐渐增加到百余人，甚至曾达到 500 人的浩大声势，在延安多次演出，并传播到全国。

1939 年 4 月 13 日，在延安第一次音乐大会上，由邬析零指挥抗敌演剧第三队在陕北公学大礼堂首演《黄河大合唱》。抗敌演剧队以演出话剧等语言类节目为主，唱歌只有业余水平；全队连厨师总共只有 20 余人，规模偏小，而且没有会演奏乐器的人。因此，星海找到鲁艺音乐系的向隅、汪鹏、李凌等 6 位师生帮助伴奏。这样的首演条件的确过于单薄，演唱《黄河怨》的蒋旨暇也没能唱好这首歌，演出效果自然也不够完美。

冼星海在当天的日记里写道："女声独唱唱走了音，给观众不好的印象"。但"他们觉得整个曲子很雄伟"，这部新型的音乐作品受到了热烈赞赏。

很快，鲁艺的领导吕骥和沙可夫就动员全体师生演唱这部作品。

1939 年 4 月，冼星海与鲁艺合唱团女声部队员合影

冼星海（右一站立者）与鲁艺男生合唱部

　　这次合唱，鲁艺投入最大的人力和物力进行排练。演出阵容强大，由星海亲自组织排练并指挥，鲁艺 150 多人在操场排练。凡是能唱歌的都来参加排练，大家处在抗战激情中，在星海的指挥带动下，调动情感和歌曲演唱的情绪并不是难事。

　　延安物质条件的匮乏，使得组织一支完备的乐队成为难题。李焕之回忆《黄河大合唱》的排练，没有乐器，"只能是有什么乐器都尽量地用上，除了三四把小提琴外，就是二胡、三弦、笛子、吉他、口琴和一些打击乐器"。

　　为了满足演出需要，冼星海和学生们一起动手制作乐器，将汽油桶改造成低音提琴，成为乐队低音声部的支柱。

　　缺少打击乐器，星海看到李焕之的腰上挂了一个大号搪瓷缸子，就让他把合唱队员身上挂的吃饭勺子收集了一大把放在搪瓷缸子里，创造了打击乐器。

当《黄河船夫曲》的朗诵词"那么你听吧"结束，星海瞬间挥动手臂，李焕之就使劲摇晃着大瓷缸，勺子发出有节奏的"哗啦哗啦"的响声，与歌声紧密呼应，模仿出呼啸奔腾的水声，"那声音为乐队增添了不少气氛"。

1939 年 5 月 11 日，鲁艺在中央党校大礼堂举行了鲁艺成立一周年的首次音乐会。冼星海亲自指挥的《黄河大合唱》正式公演，一百多人的演出队伍，声势浩大。在演出前，星海再三嘱咐大家："要尽情歌唱我们伟大的中华民族，要把我们的全部感情关注到歌声中去。"

演出获得巨大的成功，星海在当晚的日记里写道：

> 今晚的大合唱可真是中国空前的音乐晚会。里面有几首非常感动人的曲：(一)《黄河船夫曲》；(二)《保卫黄河》；(三)《怒吼吧！黄河》；(四)《黄水谣》。当我们唱完时，毛主席都跳起来，很感动地说了几声"好"。

星海在日记中只提到四个合唱乐章是"非常动人的乐曲"，但却没有提到其他几部分内容。实际上，独唱歌曲《黄河怨》在演唱时，再次出现了"失败"和"纰漏"，它似乎也成为考验星海作品艺术性的试金石。

当天演唱《黄河怨》的音乐系学生莎莱只有 16 岁，只学习了四个月的声乐演唱，没有唱好这首"演唱技巧很高，歌曲情绪深刻复杂的艺术歌曲"。与此同时，这首歌曲受到延安妇女界的抗议，由于群众音乐文化基础薄弱，当时延安对音乐艺术的认识也不够深刻和全面，《黄河怨》这首风格哀怨凄婉的女声独唱遭受到误解，在演出时一度被取消演唱。

关于这段内容，唐荣枚的回忆比较真实地叙述了事情的原委。从中也可看出，当时延安的群众甚至是一些干部对于音乐风格的理解，的确是过于简单化。

冼星海写作《黄河大合唱》时，我已怀孕近8个月。星海指挥鲁艺首次演唱该曲时，由我的学生莎莱演唱其中的《黄河怨》。莎莱那时年仅16岁，难以深刻表达歌曲中遭到日寇侮辱的妇女的悲愤情感。另外，延安的妇女界当时对此曲提出了激烈的批评，认为中国的妇女受到日本兵侮辱后，绝不会这么软弱，也不应该如此忍气吞声，肯定是要起来反抗、战斗，认为此曲严重歪曲与损害了中国妇女的英雄形象。鲁艺的某些领导人也持有这样的看法。于是，有一段时间《黄河怨》这一唱段，就只得从《黄河大合唱》里消失了。

经过一段时间的艺术实践后，大家都感到只有男生独唱的《黄河颂》而没有了女生独唱的《黄河怨》,《黄河大合唱》的艺术性总觉得不完整，甚至是不平衡。再说正是有了被侮辱妇女的这种悲剧性艺术处理方法，才能更有对比地突出其后面的《保卫黄河》与《怒吼吧！黄河》这两个具有强烈战斗性的唱段，至于延安妇女界的认识，后来也有改变和提高。特别是某些鲁艺领导人前往晋察冀边区工作后，担任鲁艺音乐系主任的星海决定恢复演唱《黄河怨》。为此专门组织了几个人进行试唱，最后作者以及群众进行评议时，都认为我对该曲的演唱与处理较好。此后，在延安由冼星海或者是后来由李焕之指挥演出《黄河大合唱》时，就都是由我来演唱其中的《黄河怨》。

1939年6月28日，在专门组织的"欢迎周恩来、秦邦宪回延安晚会"上，鲁艺再次演出了《黄河大合唱》。在观赏过这次规模宏大的演出后，周恩来深受感动并为冼星海题词："为抗战发出怒吼，为大众谱出心声"。

1940 年 2 月,为欢迎电影《塞上风云》拍摄团队 —— 中国电影
制片厂西北摄影队,鲁艺与抗大、女大、陕公等院校联合,烽火、抗战
两个剧团也都参加,共计 500 名师生组成了一个大合唱团,演唱《黄
河大合唱》,烽火剧团的乐队也参加了伴奏。这是《黄河大合唱》演
出规模最大一次,星海亲自组织排练,付出了极大的精力和热情。

合唱队四个声部分开练习,加上乐队,共五个部分,分散在烽火
剧团和鲁艺音乐系的几个院子里,星海五个排练场都得跑到,可想而
知,忙得饭都顾不上吃。剧团送的一碗小米饭,他忙着排练没顾得上
吃,放在地上,结果却被鸡给吃了。

李若冰回忆排练大合唱的情景时说:"因为女声部人数不足,有
些未变声的男孩,也被补充到女声部。教这些十三四岁的小孩子,
确实要花费不少的工夫。"星海偶尔还要模仿某个顽皮的青少年"缩
着脖子""鬼头鬼脑"的样子,引起大家哄堂大笑,同时也是善意地
提醒孩子们注意正确的演唱体态和身姿。在带领大家排练的过程中,
"星海一丝不苟的严谨作风,指挥时甩动头部时飞扬的卷发",也深
刻地定格在当年参加排练演出的抗战剧团孩子们的脑海中。

因为乐队没有钢琴,没有中低音乐器,低音贝斯是用简陋汽油桶
做的替代。当时有人认为,人太多,乐器太乱,会削弱歌曲的演出效
果,降低歌曲的艺术价值。但星海相信自己这个专业的指挥能够有效
调动合唱队员的情绪,他告诉大家"只要大家万众一心,就一定能演
唱好"。

演出效果出人意料的成功,在星海专业而富有感染力的指挥引导
下,当大家唱起第一乐章《黄河船夫曲》,"嗨哟,嗨……哟"雄浑
响亮的船工号子,让在场的一位高级将军和许多群众竟然都不由自主

百年巨匠
洗星海
Century
Masters
Xian
Xinghai

地站了起来。唱到《保卫黄河》时，星海突然转过身来，让听众和演员一起轮唱，台上台下融为一体，近两千人的歌声，震荡着整个山城。

今天看来，《黄河大合唱》在延安初演时，因为当时的演出条件十分简陋，乐队配置很不健全，这样的伴奏其实是很不专业的，合唱声部的配置也比较简单。后来在苏联，星海有了相对集中的时间，对这部作品做了全面的修改，合唱声部比原来更加丰富，并配以大型交响乐队编制伴奏，具有了较高的专业性。由于星海的修改版探索了一些现代音乐手法，如多调性、半音乐化旋律（伴奏声部）等，加之配器上的不尽完善，一般很少按照这一版本演出。20世纪50年代后，《黄河大合唱》的演出大都根据具体演出条件进行了修订而形成许多新的版本。其中，严良堃修订的版本及其指挥中央乐团演出的次数最多，影响也最大。

《黄河大合唱》的影响

星海成为我国第一个用大合唱这种专业性较强的声乐体裁来表现革命现实和人民生活的作曲家。他大胆借鉴西洋音乐的作曲手法与创作体裁，融合中国人民所熟悉和喜爱的民族音调及时代主题，"创造出了民族化、具有中国气派的革命音乐"，不仅为我国大型声乐体裁的创作提供了可借鉴的成功经验，也进一步开启了中国新音乐的发展道路。

《黄河大合唱》是延安鲁艺"大合唱"的典范作品，冼星海自己认为《黄河大合唱》是"民族的特色，新的技巧"的作品。

郭沫若形容《黄河大合唱》"音节的雄壮而多变化，使原有富于情感的词句，就像风暴中的浪涛一样，震撼人心"。

作曲家苏夏认为：(《黄河大合唱》)并没有采用格律式的单主题贯穿于全曲的写法，而是采用有特色的音调语汇变化发展的渗透于各章，从不同的角度来刻画和丰富艺术形象的写法。在《黄河》的旋律中，有不少旋律采用了大调式的主三和弦的分解进行，也许是追求一种嘹亮的色彩力度。这些进行与具体的歌词声韵相结合，与大调性的五声音阶的三音列或四音列相结合，一点也没有学生腔或欧化之感。

《黄河大合唱》用新的民族形式，表现新的时代主题，利用民歌化的音调、民族乐器的伴奏、民间化的音乐形式、诗化的群众生活语言，为中国近现代音乐的创作树起了一座丰碑。对于中国新音乐创作的"民族化"来说,《黄河大合唱》仿佛是黑暗中的一束光亮。它突破了学院派音乐追求高难技巧的限制,也没有知识分子的阳春白雪,体现出大众化、民族化,时代性和艺术性的统一。

《黄河大合唱》中的《河边对口曲》和《保卫黄河》两首歌曲,是利用民族音乐元素进行创作的典型范例。

星海的《黄河大合唱》利用民间音乐语言进行创作,使合唱这一音乐形式在鲁艺及延安的音乐创作中得到示范性的推广,并由此开始深入边区民众。

《黄河大合唱》创作和演出后,延安出现了1939~1940年间的"大合唱"创作高潮,虽然作品数量很多,但都没能超过《黄河》的高超艺术水准。

在合唱热潮的推动之下,陕甘宁边区的音乐团体与合唱队以演出合唱作品为高水准的标志,认为歌曲齐唱"没有什么唱头",一时间,合唱在延安的演出团队中成为时尚。这使得合唱这种外来的音乐形式,经过几年的传播,渐渐地被边区的普通大众所接受。

冼星海以《黄河》为主的大合唱创造了"多乐章的大型声乐套曲"这一特征,每部作品在创作思路上的不同,体现了他对大型作品的高超驾驭能力。

杨瑞庆在《黄河的旋律》中评价说:

> 运用大合唱这种形式更能符合歌词中史诗性的特点,更能符合需要通俗易懂的国情,特别是运用朗诵词将八首独立又互有联系的歌曲串联起来,在当时来说是一个全新的创举。

星海借鉴合唱这一西方音乐形式,对合唱的创新发展和民族化、群众化实践,具有突出的贡献。《黄河大合唱》以其深刻的社会性和民族精神,历经抗战烽火的洗礼,成为推动中华民族团结自强、抵御外辱的号角，作为 20 世纪华人音乐创作的经典作品，蜚声海外。

1943 年，普林斯顿大学音乐学院合唱团用英文在美国首次演出《黄河大合唱》。《黄河大合唱》曲谱由宋庆龄赠送给美国"援华会"，向美国人民介绍中国抗日斗争，再由该会讲解员刘良模转送给普林斯顿大学合唱团。

1955 年，苏联莫斯科柴可夫斯基音乐厅举行"冼星海逝世十周年"音乐会，苏联广播交响乐团乐队伴奏，合唱团用俄语演唱了《黄河大合唱》。

1964 年，日本神户，劳动者业余合唱团，用日语演唱了《黄河大合唱》。

1983 年，在加拿大多伦多马茜音乐厅，华人室内乐团首次组织港、澳、台及大陆留学生共同演出《黄河大合唱》，华侨们感动得热泪盈眶。

1986 年，美国旧金山戴维斯音乐厅，以"美中音乐交流"为主题，旧金山市合唱团、交响乐团演出《黄河大合唱》。

1995 年，美国芝加哥地区华人合唱团等艺术团体，为纪念抗战胜利 50 周年举办交响音乐会演出《黄河大合唱》。

2005 年，为纪念二战结束 60 周年和冼星海诞辰 100 周年，新加坡国立交响乐团和雅歌合唱团在新加坡滨海艺术中心举行《黄河大合唱》演出。

百年巨匠
Century
Masters
冼星海
Xian
Xinghai

革命熔炉

星海到延安，除了他个人对音乐事业的主动选择，与中国共产党对音乐人才的重视也有一定的关系。在第三厅工作时，周恩来、郭沫若和田汉等共产党人的政治主张对星海就有一定的影响。

根据唐荣枚的回忆，与星海同在第三厅工作的中共地下党林路曾提及，在武汉失守前，"考虑到星海在音乐上的才能，需要一个安定的创作环境，而延安鲁艺需要加强教学力量，延安的氛围更有利于冼星海政治上的成长，于是组织上安排星海来鲁艺任教"。星海在从武汉到延安的旅途上，也因为得到了周恩来的帮助，才能顺利到达。

到延安半年多后，星海深切地感受到革命根据地浓厚的学习气氛和政治氛围。他参加了各种革命工作和活动，学习政治理论并阅读有关书籍，对马列主义和中国共产党，也逐渐有了较深入的认识。

1939 年 5 月 1 日，星海在延安参加"五一国际劳动节"纪念会，在这个全世界无产阶级力量的检阅日，毛泽东等延安领导人进行全国精神总动员的演说，到会两万多人宣誓，延安文艺团体高唱《在太行山上》《保卫黄河》等抗战歌曲，浓厚的政治气氛和抗战激情，使星海深受感动。星海前所未有地体会到中国共产党领导下的群众团结，以及严密的组织性，到会的"总工会、妇女会及手持红缨枪的老百姓"，"他们的确代表民众的单位，在中国都市方面所看不到的，这全由中共中央严密的组织所致"。

星海高度评价聂耳开创的革命音乐，并自觉地坚持聂耳的政治方向，星海在文章中写道：

> 聂耳，他产生在中国音运一个沉默的时代，也是中华民
> 族处在一个灾难严重的关头。但他冲破了这大革命时代前夜
> 的沉默。……聂耳以最新的、革命的、斗争的姿态出现，他
> 知道要拿音乐做斗争的武器……聂耳把握着现实及配合正
> 确的政治方向，举起反帝反封建的旗帜向前迈进。

1939年6月14日，在经过党支部考察和讨论后，认为星海已经基本具备共产党员的条件，由鲁艺的副院长兼党团书记赵毅敏和训育主任徐一新介绍，星海正式加入了中国共产党。

星海在日记里写道："今天就算我入党的第一天，可以说生命上最光荣的一天。我希望能改变我的思想和人生观，去为无产阶级的音乐来奋斗！"此后近一年的时间，星海在音乐系教员党小组过组织生活。他也逐渐体会到："音乐上许多问题过去不能解决的，在社会科学的理论上竟得到了解答。"

在延安鲁艺，星海作为音乐文化和教育领域的重要代表，经常参加中国共产党组织的一些重要的文化会议。

1940年1月4日，延安召开陕甘宁边区文化协会第一次代表大会，星海被推举为主席团成员，大会持续数日，王明、毛泽东、吴玉章、罗迈、洛甫等分别做了有关政治文化报告。1月8日，星海报告"抗战音乐"，讲了四部分内容：抗战音乐的作用和任务；抗战两年半以来的音乐界动况；边区音乐的成绩、优点和缺点；音乐工作者今后的方向。1月9日，毛泽东发表"新民主主义的政治与新民主主义的文化"的重要报告，星海在当天日记中写道：

> 我说：1.一个音乐工作者要为他终身的音乐事业革命、
> 音乐工作奋斗到底，直到他离开世界。2.一个音乐工作者，

一定要有远大的眼光，伟大的魄力，永远王者远大的前程。

3.一个音乐工作者，一定和民众结合在一起，为民众、为伟大的中华民族不懈地奋斗。

星海在音乐创作和音乐教育等方面的成就和影响，也使得中国共产党非常重视对他的培养，树立他在青年人中的典范作用。

1940年初，经胡乔木安排，由俯拾进行组稿，星海撰写了《我学习音乐的经过》一篇长文。最初刊登在延安《中国青年》杂志上，后来许多报刊转载。星海在文中比较详细地介绍了自己学习音乐的艰辛过程，讲述了回国后投身抗日救亡歌咏运动和歌曲创作的相关内容，热情地介绍了在延安革命抗日根据地的工作与学习情况。同时，星海也讲述了在学习中国共产党的政策理论后，自己在政治思想和音乐思想上的转变。这篇文章发表以后，吸引和影响了许多爱国青年奔赴延安投身革命和抗战文艺。

为了学习浪潮的推动，我也学习理论，最初只限于与音乐有关的东西，后来知道了这还不行，我就也来一个学习社会科学的计划。我看了一些入门书之后，觉得不至于落在人后了。但慢慢发生了兴趣，我竟发现了音乐上许多的问题过去不能解决的，在社会科学的理论上竟得到解答。且不说大的方面，如音乐与抗战、音乐与人类解放等等问题，只举出为什么工农的呼声有力、情感健康这一点。过去我以为是因为他们受苦，但这回答我自己也未满意，所以在吸收工人的呼声及情绪入作品时，显得表面化（形式化）。现在我知道，劳动者因为是被压迫者、被剥削，他们只有摆脱这种枷锁才有出头之日，如果不然，就只有由衰弱而灭亡。所以他们的反抗就是求活，他们的呼声代表着生命，代表生命的未来的力。还有，工人们是一贫如洗，毫无私蓄，连妻子、儿女也要变成工厂主的奴隶，在这样的生活下，他们的脑里装不进什么自私（因为私不了），所以他们的胸怀是大公的。他们反抗压迫剥削，不只是为了自己，别人也得到益处。世界上没有了人吃人，谁都过着幸福的日子；劳动者要消灭人吃人的制度来救出自己，因而也救出所有的人。这样可以知道劳动者所想的实在是最高尚的，为着大众的，正义的。他们不需要欺骗、卑鄙、自私、阴谋、猜忌、残忍等等。所以，感情是健康的。又因上述种种原因，他们最能团结自己和团结各种人民。因此，他们的声音、感情就能充溢着热爱和亲切、真诚和恳挚。而至他们命定要做新世界的主人翁，把世界变成大同社会。这样，他们的气魄自然是很大的，力量自然是深厚的——所有这一切就构成了劳动者的呼声的无限力量和情感的健康。而剥削人、压迫人的集团的音乐之所以日趋没落和充满颓废、感伤的靡靡之音，正象征着他们是不行了，人们已不再要他们乌烟瘴气的糊弄，已不再允许他们把世界推向火坑。

第六章 ｜ 苏联之旅 乐涌丝尽

我为探索中国的新音乐奋斗了多年，这种新音乐是必须要真实地表现人民的心灵，以及要具有新的形式、新的和声。

中国人民的斗争教育了我，使我懂得许多事情。这也就是我的第二所音乐学院。

……我还要写，要到我最后的呼吸为止。

滞留西安

百年巨匠
冼星海
Century
Masters
Xian
Xinghai

全面抗战以来，中共中央在延安根据地组织建立了一些文化机构，以新的方式宣传抗战，鼓舞抗战。延安电影团诞生后，中央决定拍摄一部大型纪录片《延安与八路军》，展现延安的政治、经济、文化生活。

周恩来同志亲自到武汉八路军办事处邀请电影导演袁牧之，请他"用电影这个武器去记录革命根据地延安与英勇的八路军在敌后开展游击战争等事迹"。袁牧之接受了周恩来的提议与邀请，担任电影编导，与摄像吴印咸等人一起来到延安，开始做纪录片的拍摄准备工作。

袁牧之带领摄制组先后前往延安各地体验生活和调查研究，历时一年多，收集资料，到陕北黄陵县黄帝陵、晋察冀根据地，以及太行山区实地拍摄相关素材。1940 年 4 月，袁牧之等人拍摄了许多镜头，积累了大量素材，回到延安。

《延安与八路军》是第一部反映抗战初期根据地与八路军战斗生活的纪录片，受到中央领导人的高度重视，但当时延安还不具备电影制作条件。于是，中央决定，派袁牧之到苏联完成这部纪录片的编辑与后期制作。电影音乐创作成为纪录片后期制作的重要内容。

当时星海在鲁艺的音乐创作和音乐活动影响较大，尤其是《黄河大合唱》的极大成功，中央认为星海是一位十分合适的人选，决定派遣他与袁牧之一起去苏联，完成影片的后期工作，同时学习考察苏联的电影创作经验。

1940 年 5 月 11 日，星海离开鲁艺，告别了妻子和九个多月大的幼女妮娜，与电影导演袁牧之一同前往西安准备赴苏考察学习。

由于当时国家出入境边界由国民政府控制，而且只有国民党与苏联有外交关系，加上战乱时期人际复杂，星海和袁牧之即听取中央的建议，隐藏真名，采用化名。

星海与钱韵玲商定，化名黄训，名字取星海母亲黄苏英的姓氏，另取韵玲母亲王德训名中最后一字，所以称为黄训。在西安，以及后来到苏联，星海与妻子的信件往来多用的是这个化名。星海另有化名孔宇，是他在滞留在蒙古国乌兰巴托时用的。

到苏联后，星海与外国友人、朋友的往来大多都用黄训这个化名。若干年后，学者左贞观在苏联与星海当年的朋友达那斯·巴伊卡达莫娃谈到"冼星海"时，她竟茫然不知"冼星海"是谁，当他说到"黄训就是冼星海，他是一个伟大的作曲家"，才引起了巴伊卡达莫娃对星海的回忆。

1940 年 5 月 13 日，星海、袁牧之一行人乘汽车抵达了古都西安，他们暂时居住在七贤庄一号八路军办事处，因为战时环境的恶劣和混乱，加之国民政府对中共的态度变化不定，不能立即动身出国，所以星海等人也就只好暂时安顿下来，耐心地等待下一步赴苏安排。

星海在西安的生活有些单调，除了必要的工作出行外，大多数时候留在八路军办事处的住处。当时抗日战争已进入相持阶段，日军敌机时常前来袭扰，有时一天要听到多次警报，警报一响就要快速躲到防空洞内。

在这样的环境下，如果没有要紧的工作或其他事情就不便离开办事处，为了人身安全，星海只得留在这里读书、学习、作曲、会友。办事处有个小俱乐部，时常组织些球类、棋类……的娱乐活动，星海有时也去活动一下，算是唯一的消遣吧。

因为抗战时期复杂的外部环境，星海一行人的动身时间便一拖再拖，他们在西安竟然滞留了半年之久。星海非常挂念妻子和孩子，身在西安，与妻子韵玲的交流只有依靠书信，他写了很多信，除了通过邮局邮寄，还会托即将前往延安的同志代送。

有时西安一连几天大雨，送信、代信难免不够及时，星海就只有耐心地等待着妻子的回信。因为思念亲人和朋友，他让妻子多寄一些照片，孩子、妈妈、鲁艺教员的都可以托人带来，他太"需要那些(照片)作纪念"了。

每当在西安办事处内看见其他工作人员的小孩时，他总是情不自禁地想起自己的小女儿妮娜，"我是最喜欢小孩的，我也爱任何一个天真的小孩"。

星海非常关心妻子韵玲和女儿妮娜的近况，他在给妻子的信中，事无巨细，体贴入微。

> 有余闲时间你可以多看《中国文化》《解放》……这类的书，是可以帮助你的。《唯物史观》这本书非常好，你可以买一本或借一本去读。

> 你不但看书，你还要多写，多做笔记，多写日记。如果你有时间还可以学习日文或俄文的选科，对你将来是很有用处的。

> 对于图画你不要放弃，尤其美术运动你要参加。音乐一门也要时常接近，希望你仍然有热情去写儿童歌曲，因为儿童歌曲是极需要的。你不断地去写，我会不断地替你修改和给你鼓励。

星海不仅是妻子的生活伴侣，也是她的文化导师，他希望妻子无论是在政治思想上，还是在文化艺术学习上都能力争进步。

星海细腻体贴，他关心女儿的健康，关注妮娜成长的点点滴滴。他总是不厌其烦地叮嘱妻子悉心照顾女儿。"妮娜可以饮一点果汁之类东西，多给她饮暖和的水或糖水，每天也给她一点盐水，青菜、红葡萄、橘子对她是有益的，可给她多吃。隔天给她洗澡换衣裳，每天使她有十数小时睡眠"。

他还一再嘱咐妻子，不要让别人亲吻孩子的小嘴和面额，以免传染疾病。星海把生活费节省下来，给女儿买食品与玩具。"昨天我买了一罐饼干（六元半），两个玻璃奶瓶（共两元），三个奶嘴（三元六角），其他小玩具价钱太贵而买不到，我只买了一个小鼓（二角）。"

他希望女儿在延安鲁艺这个全国艺术家集中的地方，"养成浓厚的艺术天才"，要"使她时常接触到音乐、美术和戏剧"等艺术，让妻子多给孩子唱简单的歌曲，尤其是民歌。

星海挂念妻子和儿女，也理解妻子独自养育女儿的艰辛，他在信中交代妻子，让她把自己的书稿交给他人整理，发表或出版，得到的稿费可以补贴她们的生活。

> 你可以叫马可整理我的《指挥法》，寄给光未然出版或交生活书店，也可以交周扬，或交读书生活社，这样你至少可以拿一百五十元。同时找李绿永（史凌）要稿费，至少有两百元。
>
> 而且我也想找一点稿费，使你和妮娜在生活上能改善些，万一有病痛或妮娜做衣服时用，这是我替你们想着。我们用心血来写东西去给我们改善一些生活，或预备疾病的不测是应该的，不是浪费，也不是蓄财。

星海是一位孝顺的儿子，他同样牵挂自己的老母亲。从法国留学

百年匠匠

Century
Masters
冼星海
Xian
Xinghai

归来后，他本想长久地侍奉和陪伴母亲，可是真正与她在一起生活的时间也只有两年。由于抗战的需要，星海 1937 年 8 月随演剧二队出发到各地进行抗日救亡宣传工作，留居武汉一年。后来又为了音乐事业来到延安，有了妻子女儿，可以暂时告慰牵挂他的老母。但现在却又暂居西安准备赴苏联考察、工作，将与母亲分开得更加遥远。

得知母亲身体不是很好，星海十分忧心，他跟妻子说："我们在怎样困难环境之下都要使她老人家减轻痛苦为是。…… 你以后尽可能时常写信给她，她不比别人的母亲，她已忍受了几十年的痛苦，历尽人生最残酷生活的一位老人。"

星海想办法向中央领导汇报自己母亲的生活现状，请求帮忙照顾她。为了抗战音乐工作和音乐事业，星海辞别老母，惦念了母亲数年，却未曾想到上海一别，至苏联客死他乡，都没有再能见到母亲。

刚到西安不久，星海收到周恩来赠送给鲁艺的一批乐器，他将它们用木箱装好，委托前往延安的工作人员帮忙带过去，还写信叮嘱韵玲注意查收，将其转交给周扬。星海时常在给妻子的信中请她代为问候鲁艺的同事与学员，还让妻子在有能力的基础上尽力帮助他们，与学员、教员多接触。

因为没有那么多的工作，星海有时间总结新音乐的有关内容。他给当地的"一班青年报告音乐运动的问题"，撰写了长文《现阶段中国新音乐运动的几个问题》。回顾了 20 年代以来有关音乐家对"新音乐"所做出的努力，对他们的音乐活动进行了评价。

星海高度评价了聂耳的音乐创作，对充满斗争精神的、符合时代要求的作品给予了充分的肯定。星海认为应该发展一种"新现实主义的音乐"，从本质上讲，它应该是"反帝反封建的、民族的，民主的，大众的，具有党派性、阶级性、国际性"。

民族形式既非拘束于旧形式，必须有新内容；但同时不拒绝利用旧形式而创出新形式。

要完成音乐的民族形式，必须通过旧形式，利用旧形式，接收外来的进步技巧与充实新内容而进行创作。其间必须研究广博的地方语言、习惯、风俗，广泛地收集民间小调、歌谣，深刻地研究中国的音乐史，还要注意吸收西洋音乐高深的技术与理论修养。

大众化的音乐必须代表大众的利益；必须服从于政治；必须被大众所接收，要易懂；大众化的音乐虽要通俗，但不能庸俗。要能提高大众文化教育水平，成为教育、组织大众的工具。而且，大众化的音乐要注意利用民歌，使其成为良好的创作素材……

星海注重收集民间音乐，也试图在音乐创作中更多地吸收民间音乐元素。在给妻子的信中，他要求她代为搜集民歌素材，"我对小调、民歌非常看重，你有空千万给我搜集一些，同学中、同志中有好的民歌都要把它抄下来。李鹰航回来可向他借来抄，不要失掉，抄好后可寄给我，这些都可以帮助我创作"。

星海创作了古诗词艺术歌曲《杨柳枝词》《竹枝词》《忆秦娥》，大胆地借鉴了京调、昆曲、民歌小调的音乐风格和表现手法。三首作品都体现出一种别离之情，离开妻子、幼女，告别了鲁艺的同事、学生，又将远离还在危难中的祖国，种种忧思愁绪涌上心头，星海有了更多的时间关照自己的内心世界。

《杨柳枝词》选用宋词人朱敦儒词作《柳枝·江南岸》，借"折柳送别情"之寓意抒发别离之情。契合宋词的长短句结构，运用3/4与2/4的交替拍子，音乐自然流畅。

百年巨匠
洗星海
Century
Masters
Xian
Xinghai

歌曲借鉴了我国传统戏曲中"润腔"的手法。"润腔"是"一种对唱腔进行润饰以获得美化、韵味，以及特殊表现力的独特技巧与现象"，普遍存在于中国传统声乐艺术中。星海在古诗词艺术歌曲创作中，经常采用装饰音，并努力使它"符合字词的声韵语调"，从而表现古诗词歌曲的典雅和民族韵味。

这首《杨柳枝词》结尾处的装饰音很有特点，星海用单倚音的装饰音形式表现出一种润腔的韵味，从而赋予了艺术歌曲的民族风格。另一首《忆秦娥》的润腔装饰也比较突出，用了"单倚音、复倚音、半音阶……"等更为丰富的润腔手法。钢琴伴奏与长笛的助奏部分，也都不时地运用了各种装饰音，民族风格浓郁。

到苏联后，星海将《杨柳枝词》《竹枝词》和《忆秦娥》三首艺术歌曲，以及在上海创作的《别情》，共四首合编成歌集《古诗别情》。在手稿的扉页上，星海这样写道："借以纪念失陷的广州、江南江北和其他的失地。我怀念着祖国如同怀念恋人一样。"

星海的新音乐理想，是要创作大型歌剧和交响乐，他也在构思大型器乐创作。"这一两年的创作重视器乐，这是新音乐发展的步骤，我应该这样努力"。"我现在计划写第三、四交响乐，交响诗，如艾青写的《向太阳》《火把》，何其芳的《一个泥水匠的故事》等"。他创作了一首管弦乐序曲《七七》和一首四段的钢琴曲《素描》，可惜这两首作品均未见曲谱留下。大量器乐作品则都是星海在旅苏期间创作的。

在西安滞留了5个多月后，星海等人终于在1940年10月19日离开，20日抵达兰州休整。大约两三个星期后，乘飞机抵达迪化（乌鲁木齐的旧称）。不久，即离开祖国，前往苏联。

莫斯科之行

　　1940 年 12 月，星海一行人到达了莫斯科，被当局安排在第三国际招待所内。过了不久，星海到一所音乐大学礼堂内观赏音乐会，当时音乐会上演奏的是柴可夫斯基的《第五交响曲》。或许是被庄严的命运主题所震撼、吸引，星海的表情和神态也在随着音乐的深入而变化，引起了不远处的苏联音乐家穆拉杰里的关注。

　　　　离我不远的位置上，坐着一个人，一本总分谱摊放在他
　　的腿上，万分注意地和神往地倾听着乐曲，他那敏锐的、激
　　动的面孔，他那双爆灼着火花的眼睛，由于音乐而反映出来
　　的全部内心体验，使我不胜惊讶。

　　音乐会休息时，经人介绍星海与穆拉杰里相识了，他向穆拉杰里讲述了自己学习音乐的经过和离开中国的原因，以及对苏联音乐的兴趣。"我的火热的幻想是更进一步认识一下伟大俄罗斯的古典音乐与苏联作曲家的创作，研究你们在建设以民族形式和社会主义内容的新音乐文化方面所积累的丰富经验 …… 如今 —— 我到了莫斯科"。

　　冼星海，这位中国作曲家给穆拉杰里留下了很深的印象，他也很想进一步了解一下星海和他的作品。几天后，莫斯科的音乐家们举行了一个座谈会，星海受约参加。在这个座谈会上，星海又认识了格里埃尔、卡巴列夫斯基等苏联作曲家。

　　星海演奏了提琴音乐，演唱了几首自己创作的群众歌曲、合唱等。他还为苏联作曲家们弹奏了《黄河大合唱》，穆拉杰里对星海的

作曲技术评价颇高："他很有把握地掌握了复音音乐，使他能够克服中国调性的狭窄圈子，并创作出雄壮的合唱插句，饱含着动作和情绪的表现力。"

在莫斯科，苏联方面很快将《延安与八路军》的底片洗印出来，星海和袁牧之一起协同合作，顺利地开展电影后期制作的工作。工作之余，星海有了闲暇时间继续音乐创作。于是，他把《民族解放》交响曲这部写了数年的作品，进行了完善和完整的配器。

这部作品从1935年开始写作，一年多的时间完成了钢琴谱初稿，后忙于救亡歌咏运动而搁浅。1937年到武汉以及到延安鲁艺之后，再度谱写总谱，未谱多少又因创作、教学、演出等工作之事再次搁置。直到1940年底赴苏之后，才又一次拾起谱写，至1941年春完成。历经6年磨砺，星海自己也认为，这种"拖延"对他其实是有益的，因为有了更为丰富的感受和素材，他把"自己所经历过的前后方情形和民谣小调都加入了这作品里"。

全曲是典型的四乐章交响曲结构，但第三乐章，星海创造性地把它写成了三首舞曲，所以，作品实际上有六个部分。每个乐章都有明确的标题，第一乐章"锦绣河山"；第二乐章"历史国难"；第三乐章"保卫祖国"：1. "龙船舞"，2. "纸鹞舞"，3. "狮子舞"；第四乐章"建立新民主主义的中国"。

在交响曲的部分乐章中，星海引用了一些自己创作的歌曲旋律，以及我国民间曲调为主题材料，如第一乐章采用了《疍民歌》，第二乐章采用了歌曲《流民三千万》等。第一乐章中引用了几首民间音乐曲调，将民族音乐元素运用到大型交响曲中，可以说是一种大胆的尝试，这也是他对自己所倡导中国"新音乐"创作的实践。当然，作为一种探索，作品也还有些不足，星海将各种民间曲调进行了类似

百年巨匠
Century
Masters
冼星海
Xian
Xinghai

"碎片化"的拼接，显得乐思的发展不够连贯，缺乏"核心形象"。

交响曲中较有特色的是第三乐章，由三段组成，选用了我国传统民俗"赛龙舟""舞狮"等素材，与之相应的创作了"龙船舞""纸鹞舞""狮子舞"等音乐部分。三段音乐形象突出，"龙船舞"中配以大段的锣鼓音乐，用以烘托赛龙船的热烈气氛。"纸鹞舞"中，运用了大量的竖琴上行滑音，突现一种向上飞行的感觉。"狮子舞"用2/2拍的"进行曲式的舞曲"，铿锵而雄壮。

星海用这样的素材和音乐手法，赋予了作品深刻的社会性含义，"三种舞蹈分别与海、空、陆军相对应，意在加强军队建设，巩固国防，保家卫国"。

星海将在延安创作的《黄河大合唱》重新进行了配器。限于当时延安乐器的不足，《黄河》的简谱版只能配以简单的和声和配器，这部非常规配器的大合唱作品也受到了苏联作曲家们的喜爱。

在莫斯科，星海将它补充完善成为一部带有标准三管编制乐队伴奏的大型声乐作品。除了已有的八个乐章外，又添加了一个序曲，截取了第四乐章"黄水谣"的旋律片段作为主题动机。这个版本《黄河大合唱》的配器，带有明显的法国印象主义音乐风格，加之文化环境原因，作品没有得到实际演奏的机会。

管弦乐组曲《后方》根据星海之前创作的钢琴曲《素描》改编，每个乐章都用了不同的地区、民族的民间音乐元素，如广东音乐《饿马摇铃》、内蒙古音乐曲调等。作品体现了抗战时期后方民众的生活，以及对胜利的渴望。

就在星海一边工作和创作，一边期待着回国的时候，出人意料的事情发生了。1941年6月22日，德国法西斯大举进攻苏联。深恶痛绝的警报声又一次在星海的耳边刺耳地响起，亲身目睹德国法西斯进攻苏联，他再次萌生了创作一部大型交响曲的想法。但是，德军的炮火很快就蔓延到莫斯科，在恶劣的战争环境下，《延安与八路军》的影片制作工作已经无法继续进行，苏联当局要求并安排星海他们撤离莫斯科。

莫斯科电影制片厂也纷纷撤退，慌乱之中，基本制作好的电影《延安与八路军》的底片也不小心遗失了。冼星海多方打听和寻找，也没有结果。侥幸的是，袁牧之曾将一部分底片留在延安，这部珍贵的电影资料后来得以在新中国成立后保存下来。可惜，星海远赴苏联为电影所作的音乐却被永远地尘封在战火中。

百年巨匠
冼星海
Century
Masters
Xian
Xinghai

乌兰巴托的中国工人俱乐部

苏德战争不断推进，星海一行人要考虑下一步的行程。既然电影底片遗失，当前已然无法继续工作，最终，星海决定设法借道蒙古，经新疆绕过国统区回延安。

新疆的军阀盛世才本来与苏联交好，但是，苏德战争爆发后，盛世才转投蒋介石国民政府，与共产党彻底决裂。星海通过新疆返回中国的计划最终没能实现。

星海、袁牧之等人流落到蒙古乌兰巴托，在这里生活了一段时间。星海化名为孔宇，袁牧之化名为丁山。乌兰巴托同样笼罩在战争的困顿之中，人们的生活很艰苦。

一行人先是来到中国工人俱乐部。这个俱乐部成立于 1930 年，最初是由赤色职工国际领导，后由蒙古工会中央理事会领导，是当时旅蒙华侨的唯一的一所文化活动组织机构。俱乐部设有文教组、戏剧组、音乐组、体育运动组等，中国驻蒙古首任大使王西（吉雅太）任艺术主任。

星海一行人一路颠沛流离，穷困潦倒，初到俱乐部时，已经完全看不出来艺术家的风度。俱乐部职员王荣还记得第一次看见他们的情形：

> 记得是在 1942 年春天的一个早晨，俱乐部的工作人员上班后，人们就议论说，昨天夜里来了几个来历不明的中国人，就住在俱乐部的一间教室里。

1941年，冼星海在蒙古人民共和国乌兰巴托，化名孔宇

从这些人的外表来看，一个个面色苍白，头发长得很丑，身上穿着沾满油垢的蒙古式旧棉衣和旧毡靴，一眼就能看出他们似乎是经过相当长期折磨度过监狱生活的人。……并且认为他们不过是一般普通老百姓，根本没有想到这些人都是有所作为的人。

俱乐部负责人经过研究讨论，为星海等人安排了衣食住的生活事宜。当时没有空闲的房子，星海就和王荣临时住在一起，几个月后才单独居住。同时，经过向上级领导申请，增加编制，安排星海他们在俱乐部工作。根据他们的艺术特长，星海被安排在俱乐部音乐组当教员，袁牧之在戏剧组工作。就这样，星海有了一份能维持基本生活需求的工作。

当时俱乐部有一架陈旧不堪的钢琴，据说是沙皇时代的一位商人遗产，后来被有关领导机关赠送给俱乐部。为了满足星海每天的备课和教学需求，俱乐部请人修好了这台钢琴。

星海的谦逊、热心，给学员们留下了深刻印象。"众位兄弟姐妹们，我不过也是一个音乐爱好者，从今天起俱乐部的领导让我来担任教员，这对我来说，是一件十分愉快的事。同时，也是一种不容易胜任的工作，因为我对音乐艺术也处于学习阶段，所以我们一起互相学习好了……"

经过简单测试，了解学员们的实际音乐水平和音乐组的所有乐器，星海因地制宜地制定了作业时间表和工作计划，开始了音乐教学工作。每个周五的晚上，星海都会到工人俱乐部给大家上课，讲授乐理知识、指挥，介绍西洋音乐作品；教授乐器演奏，钢琴、小提琴、黑管、三弦、二胡、笛子等；星海还训练工人们合唱。每周组织一次音乐会演出。

在星海的努力下，俱乐部音乐组由一个简单练习音乐的业余组织，变成了一个有一定水平的音乐团体，星海甚至带领学员们排练、演出了《黄河大合唱》，演出受到了极大的欢迎。

俱乐部的工人们对星海十分友好，星海没有像样的衣服，当他外出或演出需要时，俱乐部的工作人员、学员就把自己积攒下来的衣服或送或借给星海。星海对待工友们亲和友善，他给许多人书写了歌词、歌谱，为王西手书过瞿秋白的《赤潮曲》，把自己讲授乐理课的讲稿整理成《乐理初步》送给王荣，也曾为其他友人手书其他诗歌等。

在乌兰巴托，星海结识了当地的一些作曲家，达木丁苏伦（中央剧院乐队的负责人）、莫尔道尔吉（马戏院乐队负责人）、旅蒙苏联作曲家西明诺夫等。

他们欣赏星海的音乐才华，对他也十分友好。

达木丁苏伦邀请星海指挥自己所在的中央剧院乐队，在一次音乐会上，星海演出新作《乌兰巴托的一天》，他担任小提琴演奏，西明诺夫弹钢琴伴奏。这次演出受到了观众的好

乌兰巴托的中国工人俱乐部

评，他们热情地用蒙语高呼星海"蒙得利空"（了不起的人）。

初到蒙古时，这里的辽阔和草原的自然风景，给星海带来了巨大的新鲜感，他开始酝酿用音乐来描绘这里的自然和人们的生活，以及对美好未来的祈愿。

在距乌兰巴托几十里外的山间，星海创作了管弦乐组曲《牧马词》，这是他创作中较少的抒情性器乐作品。作品四个乐章，运用了大量的蒙古族民歌、音乐等元素。

作品采用蒙古族民歌《牧马词》、钢铁工人创作的民歌，以及古察哈尔歌曲……，星海试图用这些民族音乐来作为作品的主题动机。可以看出，星海也很重视将世界民族音乐融入自己的音乐创作中。由

冼星海（化名孔宇）为友人手书的现代诗《野睡》

于工作和生活的原因，这首组曲实际并未完成配器。

音乐家西明诺夫用钢琴演奏了这部作品后，十分赞赏，评价它"用对位写得多，听起来很雄壮，魄力很大。"

管弦乐组曲《敕勒歌》也是星海在蒙古时期开始创作的，五个段落，最后完成于阿拉木图。作品的标题源于星海此前在西安时与茅盾先生的一次交谈。

到苏联之前，星海和茅盾畅谈了自己的《民族解放》交响曲，谈到民歌和草原的时候，茅盾跟他说起了鲜卑族的民歌《敕勒歌》，"敕勒川，阴山下，天似穹庐，笼罩四野。天苍苍，野茫茫，风吹草低见牛羊"。当星海身在蒙古乌兰巴托，发现周遭的自然景色与这首《敕勒歌》的意境极为相似。因而写这部管弦乐组曲的时候，取名"敕勒歌"，借以纪念在乌兰巴托的日子。

与《牧马词》类似，作品也是展现蒙古的自然风光和人们的生活，借鉴了当地民歌。因工作生活的繁忙与不稳定，作品也没有完成配器。

星海在乌兰巴托停留了一年左右，由于借道蒙古回国的愿望落空，又折返到苏联哈萨克斯坦共和国首都阿拉木图。

哈萨克情怀

　　星海辗转到了哈萨克苏维埃社会主义共和国（以下简称哈萨克斯坦）首都阿拉木图。

　　当时的国民政府与苏联有外交关系，在阿拉木图设有领事馆，所以星海在阿拉木图期间格外小心，不敢轻易与当地的中国人交往，甚至也不敢拍摄照片。对外，他称自己名字叫"黄训"，曾经留学法国，是保罗·杜卡的学生。

　　达娜什·巴卡达莫娃，星海在哈萨克斯坦的好友，曾对此深感疑惑，"在阿拉木图时，黄训总是有一种恐惧感，他不愿意同此地的中国人见面。有好几次我想给他介绍几个当地的中国人，要他们在生活上给他帮一点忙，每一次他都因恐惧而拒绝。"

　　初到阿拉木图，星海大概是在一个避暑寓所住了一段时间。后来暂居在富尔曼诺夫大街的集体农庄庄员之家，那是一座旅馆，星海与其他人居住在其中的一间房屋内。处于战时的阿拉木图，物资极为匮乏，人们甚至需要凭借粮卡领取粮食，星海常常食不果腹。继巴黎留学之后，星海又一次过上了这种贫困潦倒的生活。

　　当然，与巴黎不同的是，人们的生活境况都不太好，但人与人之间却很懂得相互关照。他们对星海这个外来人也十分照顾，在如此穷困的情况下，有时还会多给星海一份粮食。就是这样，星海也免不了要挨饿受冻，身体也日渐消瘦，哈萨克音乐学家鲍利斯·叶尔扎科维奇教授回忆，"在战时，我常常见到黄训。他的外表我记得很清

阿拉木图的"集体农庄之家"

楚 —— 瘦瘦的,穿着黑色皮大衣……"

有时,星海不得不卖掉一些的东西来换取点儿食物。一次,正在音乐学院读书的基扎托夫(音乐家)在大街看见一位手拿柴可夫斯基《叶甫根尼·奥涅金》歌剧总谱的人,就上前询问,能否将谱子卖给自己。可是却被回绝了,拿谱的人说只想用谱子换点儿食品。这个人正是星海,在阿拉木图,这种用物品换取食物的无奈之举,他已经不止一次了。

后来,星海认识并邀请基扎托夫到自己家(庄员之家)做客,为换乐谱的事情感到后悔,还主动送给了基扎托夫两本乐谱。一本是上次他想向星海购买的柴可夫斯基歌剧《叶甫根尼·奥涅金》,另一本是格里埃尔的《红花》。这位哈萨克斯坦友人也给星海带去了一些吃的,战争年代和贫困的生活,就这样将两个异国音乐家联系在一起。

星海在阿拉木图结识了维利康诺夫、哈米奇、伊万诺夫·索科尔斯基、茹巴诺夫、布鲁西洛夫斯基等作曲家。星海常常与他们一起在庄员之家里聆听音乐，演奏音乐作品。星海与巴伊卡达莫夫一家的友情尤为深厚。

一场音乐会后，当年还是中学生的巴基德尚·巴伊卡达莫夫（作曲家、合唱指挥家）在剧院的走廊里，发现了穷困潦倒的星海，他手里拿小提琴一直坐在那里。巴伊卡达莫夫好奇地上前询问，由于星海俄文不好，他们只能简单地沟通。巴伊卡达莫夫大致了解了星海的情况，得知他"流浪"到此地，也许是出于对音乐的共同热爱，两个陌生人一见如故，他热情地把星海带回了自己家。

巴伊卡达莫夫一家的生活也很困难，他的姐姐达伊娜还带有两个孩子，家里人口众多。不过，善良的一家人斟酌再三，还是把星海留了下来。星海的生活也算安顿下来。

由于语言障碍，星海与大家日常沟通开始也不是很顺畅。巴伊卡达莫夫家主要依靠达伊娜操持，她渐渐地了解到，这位中国人名叫黄训，乳名叫阿地，是通过国际援助者协会来到苏联的。在中国，他还有妻子和一个四岁大的女儿，以及他自幼就与之相依的母亲。他十分想念她们，常常一个人独自的悲伤……

达伊娜命运坎坷，由于丈夫受到"斯大林恐怖时期"的迫害和牵连，没有工作，独自抚养两个年幼的孩子。生活拮据，实在不能维持生活时，就到电影院的食堂去领救济的菜汤回来给家人充饥。或许是相似的命运，达伊娜与星海多了一份惺惺相惜，她也尽其所能地帮助星海。

生活变得更加糟糕，供应给星海的 600 克面包停发了，国际革命者援助协会也无法帮助他。有一次，达伊娜的孩子得了麻疹，星海也被传染了，他们高烧不退。走投无路的达伊娜卖掉了自己的一条裙子，买了药品，改善了他们的营养。过了一段时间，她的孩子和星海才慢慢地好起来。

星海时常和达伊娜一家人聊天，有时语言不太通顺，就通过肢体语言和表情传达。星海还跟达伊娜的孩子们学习俄语，不久，也学会了一些简单的生活用语。

一段时间后，巴伊卡达莫夫介绍星海到哈萨克斯坦另一座城市——库斯坦那依工作，那里正在筹备成立一个音乐馆。临别前，星海把妻子送给自己的镜子和梳子转送给了达伊娜，让她留作纪念。还把一箱乐谱留在了达伊娜家里，她一直保留到了 1979 年。可惜，后来搬家时弄丢了。

正是在巴伊卡达莫夫的帮助和鼓舞下，星海在阿拉木图得以继续着自己的音乐创作。而他也是在星海去世后，才知道这位中国音乐家黄训，就是著名的音乐家冼星海。

《第二神圣之战交响曲》以苏德战争为题材，星海酝酿了两年，"我的写作动机是因忿恨德国法西斯背义忘信侵略苏联，惨杀、虐待和奴役苏联和平公民。因此我想在作品里面反映歼灭德国法西斯的思想"。

1941 年，在星海被迫离开莫斯科前，见到了第三国际的季米特洛夫，他建议星海写一部献给斯大林和苏联红军的音乐。由于莫斯科的环境恶化，星海被迫离开，《神圣之战交响曲》的创作也只好先搁置。到蒙古境内后，星海开始着手创作这部作品，初将标题定为"歼灭"，但作了一半觉得不太满意，又全部否定了。

1943 年 1 月再次起草，同年 10 月完成配器，经哈萨克朋友布尔克建议名字定为"神圣之战"。布尔克还帮他用俄文写了一部作品说明，"这部交响乐是献给与爱好自由的英美人民结成联盟的苏联红军，他们正从'黑色的瘟疫'中把被奴役的国家和人类解放并拯救出来"。

全曲共三个乐章，第一乐章两个主题，一个是德国主题，另一个是和平的苏联主题。"德国主题"由高走低，而"苏联主题"的主题则是由低走高，寓意着苏联等同盟国的最终胜利。星海在"和平的苏联"这一主题中插入了《国际歌》的材料，"意指苏联的国际性"。此外，引用了一些英美曲调，"依靠现成的曲调去引起听众的联想"。当时的战争环境、反法西斯的主流观念……，这些对星海的交响音乐创作不无影响。

1943 年 4 月，星海应毕雅科夫之邀，为无线广播创作了一部三乐章的管弦乐组曲《满江红》。名字的由来是因为第一乐章主题采用了《满江红》的曲调，"三十功名尘与土，八千里路云和月。莫等闲，白了少年头，空悲切"。当时的中国与苏联都处于反法西斯抗战的关键时期，这种奋起战斗的情绪，不仅是对"现今战斗了六年的中国是有意义的"，对苏联也是一种激励！

1944 年 1 月 22 日，星海在同哈萨克斯坦音乐工作者巴伊卡达莫夫、叶谢托夫、科依什巴耶夫等人一起，离开了阿拉木图，前往 1500 多公里外的库斯坦那依。

经过一个星期的颠簸，星海一行人到达了库斯坦那依。暂时居住在了十月街 44 号的旅馆内，星海和科依什巴耶夫住在 22 号房间。他们共同筹备音乐馆的开设工作，科依什巴耶夫任艺术指导，星海负责作曲。

音乐馆是库斯坦那依初建的文化艺术中心，需要招收一些优秀的音乐工作者，包括歌手、芭蕾舞演员、冬不拉演奏者等。当年的两位亲历者，扎古伯夫和科思莫夫清楚地记得，他们被招入到音乐馆时，

哈萨克库斯坦那依音乐馆，冼星海在此工作了一年多的时间

才十五六岁，还在当地的专科学校学习。

到了 22 号房间，两个少年看到屋里坐着两个人，经馆长叶谢托夫介绍，才知道两位老师是冬不拉手科依什巴耶夫和作曲家黄训。当时桌面上摆放着小提琴和乐谱，扎古伯夫和科思莫夫从来没见过小提琴，于是就请星海为他们演奏，"黄训演奏了哈萨克民歌《两匹火红马》和《斋多尔曼》。他的细长手指奏出了美妙的音乐……"

1944 年 3 月 19 日，哈萨克斯坦江布尔国家音乐馆库斯坦那依分馆在卫国战争的艰难岁月里成立。当日，举行了隆重的开馆音乐会。苏联媒体《斯大林的道路》热情报道了此次音乐会：

在音乐馆开幕式上，表演的有哈萨克共和国人民演员乌鲁尔扎科夫，他演唱了哈萨克民歌。参加演出的还有音乐学家兴丘克，芭蕾舞演员谢达林娜，基尔达也娃和小提琴家黄训。应当特别指出黄训的出色演奏。他演奏了扎塔也维奇的

217

《哈萨克进行曲》和拉比也夫的《夜莺》。

星海的库斯坦那依生活也十分清苦：

> 生活是相当艰苦的，而营养比阿拉木图更差，自己的衣服和手表等去市场出卖，还不够供给几个月生活。薪金实在是不多，而每天还要忧虑到粮食。膳堂的纸证虽然发给，但不发给早晚餐营养品，在月底才领到，即使领得也只够三四天的粮食。

同在一起工作的扎古伯夫和科思莫夫说，他们的音乐会多在集体庄园、农场举行，生活更是艰苦，晚上几个人盖一床被子……

艰苦的环境下，哈萨克斯坦友人给了星海许多帮助。去演出时，他们见星海身体不太好，就让他坐在运货物的牛车后；星海创作时缺少五线谱纸，他们就帮助星海画。朋友的关心，让这位身在他乡的音乐家感到了许多温暖。

1944 年 4 月，星海结识了从美国回来的莱娅。莱娅是有犹太血统的俄国人，父母早年移民美国，她在美国出生和长大，英文非常流利。星海在《创作杂记》中称莱娅为 "Ray"，即拉舍尔·萨蒂耶夫娜。她当时在库斯坦那依的一所学校教英语，曾帮助星海领取营养品。星海的俄文虽然不好，但可以说英文。于是，语言不通的星海，与同样来自异国的莱娅很快成了挚友。莱娅在生活和工作上给了星海很大的帮助，经常担当他与同事、音乐家们之间的翻译。1945 年，星海到莫斯科以及克里姆林宫治疗期间，莱娅一直陪伴在他身边。星海给苏联作曲家格里埃尔写的信，也是由莱娅用俄文代写的。

这一年夏天，星海搬出十月大街 44 号旅馆，住进了果戈里大街的一栋三层小楼内，这可以说是当地最好的房子。星海的房间约 18 平方米，屋内比较明亮，居住条件有了改善。

在库斯坦那依，星海与这里的音乐家，包括一些民间艺人有了深入接触，对这里的音乐文化有了更多了解。他对民间音乐一直有着浓厚的兴趣，甚至收集了许多哈萨克民歌曲调。这些新的音乐素材，加上对音乐创作的热情和渴望，使得星海忘我地投入到音乐写作中，废寝忘食，他的下午饭或早点经常放在桌上没有被动过。

音乐家科依什巴耶夫回忆，星海的听辨能力很强，不用借助乐器，就可以将民歌曲调记录下来，演唱者不用多次演唱，唱一遍即可。星海一直都注重收集民歌，这些也成为他音乐创作的素材和源泉。

他为多首哈萨克民歌编配了钢琴伴奏，其中与音乐馆馆长叶谢托夫的合作比较多。叶谢托夫是一位音乐爱好者，没有受过专业的音乐训练。他平时写一些歌词，编一些曲调，或是改编民间曲调，请星海为这些歌曲编配钢琴伴奏。这位友人与星海有着深厚的感情。

1958 年，叶谢托夫将这些歌曲辑录为《叶谢托夫歌曲集》，在阿拉木图出版。在书中，叶谢托夫写了这样一段话：

> 献给伟大中国人民的儿子，走在革命前列的，过早逝世的著名作曲家、革命家、共产党员、我的真挚的朋友和这本歌曲集的同著者冼星海（黄训）。

星海利用收集到的哈萨克民歌、民间故事作为素材，改编和创作了一些风格独特的作品。交响诗《阿曼盖尔德》是其中比较优秀的作品，以哈萨克的民族解放英雄阿曼盖尔德·伊曼诺夫的英雄事迹为题材。星海本想创作一首管弦乐版的交响诗，无奈库斯坦那依当时并没有管弦乐队，只好写成双钢琴与提琴的合奏作品。星海充分利用钢琴这件表现力极强的乐器，通过震音、颤音、滑音等不同的弹奏技巧，以及丰富的力度变化、音乐手法来表现复杂的情感。整部作品结构自由，音乐表现手法丰富，具有史诗般的内涵。

1944 年 6 月 17 日，作品在哈萨克斯坦"阿曼盖尔德音乐节"的音乐会上首演，演出空前的成功。

　　由五个人演奏：黄训拉第一小提琴，伊凡·巴甫洛夫演奏第二小提琴。第一钢琴由音乐小学女教师叶莲娜·索勃列娃演奏，第二钢琴由一位年轻妇女演奏。舞台中心是冬不拉琴手科依什巴耶夫。

演出后，演员们多次谢幕，随后又举行了茶会庆功。音乐家基里姆巴耶夫、叶谢托夫、米哈依洛娃、科依什巴耶夫，到场庆祝。

《卡兹尔·比戴》(又名《红麦子》)是星海根据哈萨克同名民歌改编的小提琴与钢琴合奏作品。星海改变了原民歌的调性、节奏，小提琴温和的旋律与钢琴密集波动的伴奏相得益彰，极富艺术性。

星海还创作了其他哈萨克风格的作品《三首哈萨克舞曲》(钢琴曲)、《哈萨克进行曲》(钢琴与小提琴)、《哈萨克女声三声部合唱曲》、两首哈萨克"丘依"(冬不拉、小提琴与钢琴合奏)等。可惜，除三首哈萨克舞曲外，其他作品只有一个名称记录，曲谱尚未发现。

在哈萨克斯坦生活期间，星海在艺术歌曲领域也有了进一步的突破。他也以中国诗词为题材创作了两本歌集，《诗歌十首》(作品 18 号)欲追求创作一种"以民歌与艺术歌曲相融合创作更接近民众的歌曲"，《古诗十首歌集》(作品 25 号)尝试配以现代和声，更注重艺术歌曲的艺术性、专业性。

1945 年 4 月，星海在病痛中完成了最后一部作品，管弦乐《中国狂想曲》，再一次探索有气派的交响音乐，以及管弦乐创作的民族化。

他把丰富的中国打击乐乐器，木鱼、竹板、堂锣、板鼓、中国大鼓……加入到西洋管弦乐队中来，大量借鉴了各地的不同风格民间曲调，山西民歌《五月的鲜花》、广东《下山虎》、陕北《秧歌》、陕

西《观灯》等。作品
将这些民歌曲调的
变化发展，各段之间
无明显休止，一气呵
成。虽然以"狂想
曲"这一较为自由的
西方音乐体裁为名，
实际却运用了中国
民间乐曲的曲牌连
缀体结构。

库斯坦那依大剧院

　　星海用鲜明的"民族风格"来表现、歌颂祖国，将西洋交响音乐
体裁与中国民族内容、风格相结合，创作理想中的"新音乐"。今天
看来，作品的音乐手法也许还有些简单，也有需要完善的地方，但
在中国管弦乐发展历史上，这样的探索和尝试，无疑是具有重要意
义的。

　　1945 年 5 月 9 日，苏联卫国战争取得胜利，星海与哈萨克斯坦朋
友们一样高兴、欢呼！从苏联人民的胜利中，星海也看到了祖国即将
胜利、民族即将解放的希望。

　　但这时候，异国他乡的颠沛流离和穷困潦倒的生活，使得星海早
已积劳成疾，他患上了肺结核、腹膜炎、心脏病，住进医院时，甚至每
天都要抽出大量的腹水。

音乐梦想

　　重病中的星海与莱娅来到了莫斯科，举目无亲。莫斯科的共产国际已经解散，国际救济组织也无法安排星海的住宿。无奈之下，星海找到了当时在外文出版社工作的李立三寻求帮助。

　　李立三是中国共产党的创始人，1931 年后被派往苏联学习，曾任中共驻共产国际代表，共产国际工人出版社中文部主任。1938 年，因"日特嫌疑"罪名被苏联内务部逮捕，被共产国际开除党籍。1939 年 11 月，任职莫斯科外国文学文籍出版局中文部。

　　李立三的生活境遇也不如意。出狱之后，共产国际已经解散，在外文出版社的中文部做校对员，薪水仅仅可以维持生活。原来在共产国际的宿舍被收回，他与岳母一家七口人挤在一个 30 平方米的房间内，十分拥挤。而且战乱中的莫斯科，物资配给有限，食品供应奇缺。

　　星海在这时候来寻求帮助，李立三夫妇有着相当大的困难，但他们还是热心地接纳了他，将他带回岳母家一起生活。李立三夫妇把自己的床铺让给病重的星海，一家人睡到临时的地铺上。尽管经济条件非常有限，李立三夫妇也尽最大努力解决星海的食品和营养，悉心地照顾着病重的星海，并积极地帮助他与外界联系医疗。

　　一个多月后，苏联方面得知了星海的遭遇，国际救济总会安排星海住进克里姆林宫医院救治。但是，此时的星海已经病入膏肓，多种疾病缠身导致机体功能衰竭。

　　住院期间，星海念念不忘创作和音乐，他给苏联作曲家格里埃尔写了一封信，在生命的最后时刻，星海向另一位异国音乐家倾诉了他一生的音乐梦想、遗憾和期望。

　　我为探索中国的新音乐奋斗了多年，这种新音乐是必须要真实地表现人民的心灵，以及要具有新的形式、新的和声。

　　我是一个很不幸的作曲家，我的不幸在于至今还没有在欧洲大城市的交响音乐会中听到自己的作品的演奏。我想把自己的作品交去出版，但至今还是一个幻想。我的第一交响乐从开始创作到现在，已经过去十年了，但始终没有公演过，……我在精神上是多么痛苦啊！

　　保罗·杜卡是我心爱的老师和朋友，他对我就像亲生的父亲一般，但他已在1935年去世了。从那时起我竭力想再找一位老师，但我在中国，这个愿望无法实现。中国人民的斗争教育了我，使我懂得许多事情。这也就是我的第二所音乐学院。总的说来，我随时随地都用心学周围的音乐，而苏联音乐给我的影响尤其强烈。

　　期望您能给我的第一交响乐《民族解放》多多指导和帮助。这是中国音乐史上较早出现的交响乐之一（总谱在别雷依同志处），它是我在民族灾难深重的年代，在颠沛流离的动荡生活中，又在缺乏乐器的条件下写成的……

　　我不知疲倦地创作，但是至今没有听到自己作品的音响，真是非常遗憾，我在病中完成《中国狂想曲》和六十首中国歌曲，在此期间创作一直没有丧失。

　　我衷心期望做您的学生，期望您能成为我的老师和朋友并指导我的创作。

　　……

百年巨匠
Century
Masters
冼星海
Xian
Xinghai

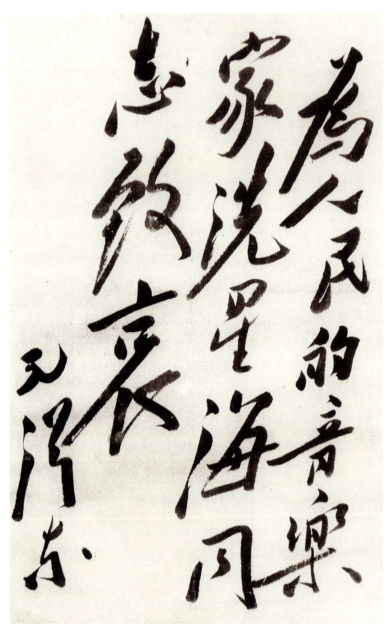

毛泽东主席亲笔题写悼词"为人民的音乐家冼星海同志致哀"

星海对穆拉节里说，等自己病情好转了，能坐起来了，还要创作一部长诗《胜利》，让穆拉杰里给他寄一些五线谱纸……

在《创作札记》中，星海写道："……我还要写，要到我最后的呼吸为止。"几天后，多种疾病的并发症夺去了星海的生命。

他终究还是没听到自己的交响乐作品演奏，这是音乐家一生的遗憾。

星海被安葬在莫斯科郊外的一个公墓内。骨灰盛放在一个大理石小匣子里，匣子正中间是他的照片，下面刻着金色的俄文"中国作曲家、爱国主义者、共产党员黄训"。

1945 年 11 月 14 日，中共中央与陕甘宁各界群众在鲁迅艺术学院礼堂内为星海举行了悼念大会，毛泽东主席亲笔题写了悼词"为人民的音乐家冼星海同志致哀"。

1983 年，经过与莫斯科苏中友协的共同努力，星海的骨灰回到了祖国，暂存在八宝山革命公墓内。1985 年，正式迁入广州新建的星海园。

人民音乐家冼星海魂归故里。

参考书目

◎ 冼星海全集编委会:《冼星海全集(第一至第七卷)》,广东高等教育出版社,1989～1990年。

◎ 何乃强:《冼星海在新加坡十年(1911～1921)》,玲子传媒,2015年。

◎ 聂耳冼星海学会:《永生的海燕 —— 聂耳》,《冼星海纪念文集》,人民音乐出版社,1987年。

◎ 周广平:《冼星海音乐思想、人格及晚期作品研究文集》,广东教育出版社,2015年。

◎ 洛秦,钱仁平:《国立音乐院-国立音乐专科学校图鉴(1927-1941)》,上海音乐学院出版社,2013年。

◎ 秦启明:《冼星海年谱简编(1905-1945)》,《星海音乐学院学报》1989年第2、3、4期,1990年第1期。

◎ 戴鹏海:《唯史不可以为伪》,秦启明:《冼星海年谱简编(1905-1945)伪误实录(上、下)》,《星海音乐学院学报》1996年第1、2期。

◎ 刘再生:《音乐界一桩历史公案 —— 萧友梅和冼星海、聂耳的"是非恩怨"》,刘再生:《刘再生音乐文集》,上海音乐学院出版社,2012年。

◎ 向延生:《冼星海与萧友梅是非恩怨新解》,《中国音乐学》2016年第2期。

◎ 向延生：《冼星海与新加坡养正小学》，《星海音乐学院学报》
2010年第1期。

◎ 陶亚兵、周行：《冼星海与中西音乐交流》，《音乐研究》1997年
第3期。

◎ 向延生：《冼星海研究再探求——番禺星海音乐节归来》，《人民
音乐》2015年第8期。

◎ 罗小平：《从文化学的角度谈星海审美趣味的形成》，《人民音乐》
1995年第11期。

◎ 罗小平、高粱：《试论冼星海的美学思想》，《星海音乐学院学报》
1985年第4期。

◎ 罗小平：《再冼星海的美学思想》，《星海音乐学院学报》1995年
第3、4期。

◎ 梁茂春：《冼星海的音乐观》，《人民音乐》1985年第4期。

◎ 左贞观：《星海在苏联》，《人民音乐》1989年第5期。

◎ 左贞观：《星海在苏联之新探》，《人民音乐》2005年第7期。

◎ 达娜斯•巴伊卡达莫娃：《那时我们称他为阿地——回忆冼星海》，
《人民音乐》1996年第1期。

◎ 戴嘉枋：《以"新史学"为视域的一点新认知——对冼星海一点
存疑史实的"想象性"阐释》，《音乐艺术》2019年第1期。